소심한 사진의 쓸모

소심한
사진의
쓸모

카메라 뒤에 숨어 살핀
거리와 사람

정기훈 지음

북콤마

파업이나 농성 현장을 거의 빠짐없이 찾아다니던 시절이 있었
다. 나도 모르게 새로운 노동조합이 결성됐다거나 파업·농성이
시작됐다는 소식을 들으면 섭섭하기까지 했다. 요즘은 바쁘다
는 핑계로, 꼭 가지 않아도 욕먹지 않을 만큼 나이 먹었다는 이
유로 게으름 피울 때가 많다. 갈수록 부채감이 늘어난다. 그런
데, 내가 가지 못한 모든 현장에 정기훈 기자가 있었다.

역사상 가장 가혹한 탄압에 맞서고 있는 유성기업에서⋯ 13년
동안 길바닥 농성을 이어온 콜텍에서⋯ 삼보일배 하는 노동자들
곁에서⋯ 세계 최장기 기록을 세우며 농성하는 크레인 앞에서⋯
광고탑 위에 올라가 농성하는 비정규직들 곁에서⋯ 민주노총 위
원장이 연행당하는 현장에서⋯ 초조한 마음으로 모인 사람들이
대통령 탄핵에 대한 결정을 기다리는 헌법재판소 정문 앞에서⋯
재개발 구역에서⋯ 정기훈 작가는 섬세한 눈길로 그들을 바라보
고 있었다.

그동안 우리가 놓치고 있던 많은 것들을 정기훈 작가는 탁월
한 시선으로 잡아냈다. 단식 농성하는 노동자 얼굴에 패인 잔주

름을… 탄압받는 남편의 회사 정문 앞에서 아이의 손을 잡고 있는 엄마의 손길을… 거리의 신부로 살아온 어르신의 손을… 서로 굳게 잡은 노동자의 손과 팔뚝을… 현장 곳곳에 남겨진 노동자 손길의 흔적을… 108배 하는 엄마를 바라보는 아이의 얼굴을 나는 정기훈 작가의 사진을 통해서야 비로소 볼 수 있었다.

사진뿐 아니라 그들 사이에 오간 가슴 저미는 대화들이나 통계 속 숫자에 묻혀버릴 뻔했던 사실들을 이 사진집이 아니었다면 죽을 때까지 보지 못하고 듣지 못했을 것이다. 노동자들이 만들었던 많은 다큐멘터리 영상, 대자보와 포스터 등에서 자주 보았던 사진이 정기훈 작가의 사진이었다는 것도 이 사진집을 보지 못했으면 영원히 몰랐을 것이다.

사진을 보는 것으로, 그리고 그가 친히 쓴 설명을 꼼꼼히 읽는 것만으로도 마치 내가 그곳에 있었던 것처럼 느껴져 부채감을 조금이나마 덜 수 있었다. 오늘도 우리 사회 죄 없이 고통받는 이웃들이 있는 곳이라면 어느 한구석에서 정기훈 작가가 카메라를 들고 1미터에서 10미터가량 사이의 거리에서 낮은 시선으로 사람들에게 초점을 맞추고 있을 것이다. 우리들의 소중한 '미시사'를 기록해준 정기훈 작가에게 고맙다.

_하종강 성공회대 노동아카데미 주임교수

안타깝게도 사진엔 소리가 담기지 않는다. 다행히도 사진엔 소리가 담기지 않는다. 뭐가 맞을까. 누군가 절규하고 있을 때, 그 모습을 사진으로 담아야만 할 때, 흐느낌을 담을 수 없다는 사실은 사진의 한계와 가능성을 동시에 느끼게 한다. 사진의 한계에 대해 거듭 생각하는 짓은 사진의 가능성을 더듬는 짓과 다르지 않다. 정기훈이 사진기를 들고 섰던 그 자리는 대개 아우성의 시공간이었다. 고함과 절규와 항의의 뒤섞임 속에서 내가 본 기훈은 조용히, 슬쩍 움직여가며 셔터의 단추를 눌러댔다. 그런 자리에서 셔터가 내는 소리는 아무에게도 들리지 않는다. 다만 한 사람, 사진기 뒤에 얼굴을 붙인 채 호흡을 가다듬으며 검지 손가락을 누르는 자에게 찰칵 소리는 작을 수가 없다. 어떤 측면에서 사진 찍는 일은 계속 소리를 듣는 일이다. 말로는 부족할 때 사진의 역할이 있다면, 거꾸로는 무엇이 있을까. 사진만으론 알기 힘들었던 기훈의 생각을 읽을 수 있어 좋다. 사진은 소리를 담지 않지만, 어떤 사진들은 소리를 생각게 한다.

_노순택 사진가

정기훈은 늘 남다른 솜씨로 꽃을 틔운다. 머문 자리 자체가 척박하고 처절한 토양일 뿐인데도 탁월하게 틔워낸 그의 꽃들은 예외 없이 경탄스러울 만한 자태를 품는다. 콜텍, KTX, 쌍용차 등 해고 노동자의 단식 농성장, 광화문 세월호 천막, 일본대사관 등등 그가 주시한 토양들이 대게 그렇다. 그럼에도 그가 틔워낸 모든 꽃은 메마른 아스팔트를 촉촉이 만드는 살 내음으로 가득하다. 때론 아픔이 웃음으로, 때론 웃음이 아픔으로 승화된 그

향기는 오롯이 보는 이들의 시선마저 끌어안는다. 그래서 정기
훈이 피우는 모든 꽃은 사람꽃이요, 사진이 아니다. 그의 통찰력
깊은 솜씨로 틔운 사람꽃 모두가 내 가슴에 오롯이 채워지고 있
다. 정기훈을 존경할 수밖에 없는 이유다.

_임종진 사진치유자

차례

쓸모에 대하여   11

빚지다   19

1미터 큰일인데 별일 아닌 것처럼   21

2~3미터 설레는 봄볕, 서러운 봄   105

5~7미터 장소는 기억을 품는다   171

10미터 이것은 영화가 아니다   243

쓸모에 대하여

중요한 일은 왼손으로 한다. 섬세한 손놀림이 필요한 일이면 더욱 그렇다. 예를 들자면 셔츠 단추 잠그는 일 같은 것 말이다. 망가진 아이 장난감을 고치고, 화장실 배수구를 교체하는 일이 또 그렇다. 휴대폰은 바지 왼쪽 주머니에 넣은 지 오래다. 라이터도 그 옆에 뒹군다. 뜨거운 냄비와 그릇을 잡는 일도 왼손의 몫이다. 젓가락질도 종종 왼편이다. 그걸 본 아이는 양손을 다 쓰는 게 그럴 듯해 보였던지, 자기도 양손잡이라고 주장한다. 자꾸 예뻐 보이는 딸아이 머리칼 쓸어 넘기는 일에도 왼손이 먼저 나선다. 펜은 오른손으로 잡는데 쓸 일이 많지는 않아 견딜 만하다. 카메라는 별수 없이 오른손에 든다. 셔터 릴리즈 버튼이 아닌 곳을 누르는 일이 잦아 난감했지만 그도 곧 익숙해졌다. 슬쩍 눈으로 살피고 엉뚱한 곳에 가 있는 오른손 검지를 고쳐 잡으면 될 일이었다. 결정적 순간을 잡아내겠다는 욕심을 좀 비우면 큰 문제가 아니었다. 감각이며 운동신경이 영 흐리멍덩한 내 오른손은 왼손에 기대어 그럭저럭 잘 지낸다. 한때 내 몸의 주인공 노릇 하던 시절 기억을 지우지 못한 탓에 무심

코 앞서 나가곤 한다. 뜨거운 냄비를 잡았는데 나중에 보니 물집이 부풀었다. 아프지도 않아 불편을 느끼진 않았다. 조금 부족하지만, 여태 이런저런 쓸모가 많다. 앞으로도 그럴 것이다. 빈틈 많은 내 사진과 꾸역꾸역 적어온 성긴 글도 나름의 쓸모를 찾길 바란다. 강원도 미시령을 넘어가는 버스에 앉아 나는 이런저런 단꿈을 꿨다. 버스 운전하던 기사님이 갑자기 의자에서 일어나 황급히 기어봉을 만질 때까지였다. 엔진 브레이크 조작으로도 멈추지 못한 버스는 끝내 경사진 꼬부랑길을 몇 바퀴 구른 뒤 미끄러졌고, 그 짧은 시간 나는 지나온 시절과 불투명한 앞날을 빠르게 떠올릴 수 있었다. '주마등처럼 스치다'라는 말의 의미를 몸소 이해했다. 같이 버스에 올랐던 친구 일곱은 나중에 영정 사진 속에서 만날 수 있었다. 통 움직이지 않던 오른손 엄지와 검지와 중지에 핏기 돌아 작은 희망을 품었을 때 즈음, 나는 그 영정 사진 앞을 찾아가 선 채로 울었다. 사진은 진짜가 아니었다. 한때의 기록일 뿐이었다. 집에 있던 전자동 필름 카메라를 들고 곧 사라질 수도 있는 것들을 무작정 찍기 시작했다. 대개 주변 사람들이었다. 그들은 나를 '정파라치'라고 불렀다. 그들도 나도 사진에 곧 익숙해졌다. 불편한 손가락도 얼마간 그랬다. 죽은 친구의 형, 누나가 다녀간 뒤, 뭉텅뭉텅 이 빠진 동아리 사진첩에 새 사진을 채워나갔다. 얼마간 흥미도 느껴 업으로 삼았다. 세상에 쓸모 있는 사람이 되자는 다짐을 뒤집혀 끌려가던 버스에서 했던 것도 같다. 노동 현장 사진을 찍고 마감하는 일이 그런 일 중 하나일 것이라고 생각했다.

나는 어떤 크고 화려한 장면을 찍는 일에는 익숙하지 않았다. 원체 느렸고, 자주 게을렀던 탓이 크다. 나는 그저 한 발짝 물러나서 관찰하거나 종종 용기를 내어 주목받지 못한 사소한 일을 묻고 적고 찍었을 따름이다. 나의 피사체는 주로 거리에서, 공장에서 땀 흘리거나 추위를 견디거나 목소리를 높였다. 자주 울었고 종종 웃었다. 이마부터 발끝까지 바짝 땅에 붙어 자벌레 기듯 나아가는 사람과 광고탑이며 굴뚝 같은 높은 데 올라 번데기처럼 사는 사람들이 그랬다. 한겨울 길에 나와 엉성한 비닐집을 짓고 오래 사는 사람들의 옷차림과 표정과 짐가방 따위를 눈여겨보다 종종 말을 걸었다. 안 해본 싸움이 없다는 사람부터 첫 농성과 파업에 나선 사람까지 다양했다. 난생처음 집회에 나와 마이크 잡고 무대에 선 나이 든 여성 노동자가 큰소리 뻥뻥 대차게 지르는 모습을 보면서 나는 그녀의 지난 삶이 어땠을까를 감히 짐작해보곤 했다. 그곳에서 나는 한평생 일하기를 멈추지 않았던 우리 엄마를 자주 생각했다. 또 집회 장소 한편에 쭈그려 앉아 말 없는 늙은 노동자를 보면서는 주름 깊은 아빠를 생각했다. 쉴 줄을 모르고 일해왔던 아빠의 거친 손을 떠올리곤 했다. 가난했지만 밥은 굶지 않았던 내 어린 시절의 배경 같았던 그 노동을 생각했다. 전화하면 엄마는 밥은 챙겨 먹었느냐부터 묻는다. 끊으려거든 밥 잘 챙겨 먹고 다니라고 잔소리한다. 먹고 사는 문제가 중요했던 엄마 아빠의 한 시대를 나는 잘 알 수 없지만, 짐작할 만한 부분도 있었다. 거리에서 나는 엄마 아빠의 지난 노동과, 여전한 노동을 생각했다.

엄마는 어떤 회사 공장 식당에서 오랫동안 밥을 지었다. 언젠가는 금붙이를 하나 받아오셨는데, 몇 년 근속 기념인가 했던 것으로 기억한다. 포상으로 일본에 연수를 다녀오셨는데 그건 우리 가족을 통틀어 첫 해외여행이었다. 엄마가 돌아오기만을 손꼽아 기다렸다. 그 밤 온가족이 둘러앉아 여행 가방을 풀었다. 손톱깎이와 보온 도시락 따위엔 관심이 없었다. 바라던 비디오 게임기가 나왔을 때에 나는 세상을 다 얻은 듯 환호했다. 읽을 줄도 모르는 설명서를 그 밤에 오래도록 살폈다. 또 하나 귀한 것이 가방에서 나왔는데 카메라였다. 렌즈를 교환할 수 있고, 자동 초점 기능이 있는 최신의 것이었다. 니콘 F-601s라는 모델명을 여태 기억한다. 그건 형과 아빠만 만질 수 있는 것이었다. 이불장 제일 깊은 곳에 보관했다. 형은 한동안 사진을 취미로 삼았다. 당시 살던 반지하집 거실 벽에 이런저런 사진 액자가 걸렸다. 수원 화성을 배경으로 엄마는 앉고 아빠는 선 채로 손을 엄마 어깨에 올렸다. 그렇게 다정해 보일 수 없었다. 뒷배경이 적당히 흐린 것도 꽤 멋져 보였다. 친구와 당일치기로 자전거 여행을 떠나면서 나는 이불장 속을 더듬어 카메라를 챙겨 나섰다. 노란색 코닥 100 필름 한 통을 끼우고 폼 잡아가며 찍었다. 어스름 저녁 집에 돌아왔더니 어찌 알고 난리가 났다. 많이 혼났다. 억울한 게 좀 있던 나는 그 밤 이까짓 카메라 내가 나중에 더 좋은 걸로 하나 살 거라고 다짐하며 씩씩댔다. 그렇게 됐다.

사진으로 밥을 벌어먹고 있지만 사진을 잘 찍는다는 얘기를 듣지 못하고 산다. 글이, 말이 길다는 얘기는 좀 들었는데, 그역시 칭찬은 아니었다. 사진은 사진 자체로 말할 수 있어야 한다는 누군가의 말을 듣고는 혼자 뜨끔한 적도 있다. 나는 자주사진 자체보다는 그와 어울릴 말 같은 것들을 떠올리는 데에 흥미를 가졌다. 어릴 적 숙제로 그리고 적은 그림일기가 비슷하지않을까 생각했다. 일기는 경험과 감상과 고민 따위를 녹여낸 지극히 사적인 글일 텐데, 숙제는 독자를 예고했으니 솔직하기가쉽지 않았다. 지금도 마찬가지다. 나는 내가 본 것과 그에 대한감상과 때로 주장 같은 것들을 버무려 사진 아래 짧은 글을 붙이는 것으로 독자와 만나곤 한다. 얼마나 건조하게 상황 그대로를 전달할 수 있을지, 그러면서도 내 생각을, 느낌을 얼마나 녹여낼 수 있을지를 자주 고민한다. 딴에는 감정을 누르고 있는그대로의 사실을 뽑아내 재배치했을 뿐이라고도 생각했다. 그게 어디 쉬운 일인가. 데스크(편집자)는 내 사진글을 '칼럼'으로분류해 발행했다. 나는 일반 기사로 분류되기를 늘 희망했다. 어쩔 수도 없이 마감 시한에 이르러 나는 밀린 숙제하듯 그림일기를 찍고 적는다. 애초 대개의 사진과 글이란 게 널리 읽히기를바라는 일기장 아닌가 싶다. 사실 그 자체라고, 온전히 객관적인것이라고 하기엔 주관이 개입할 여지가 너무나 많다고 나는 생각한다. 스스로 용기를 얻어 나는 좀 더 솔직한 내 얘기를 담아보기로 마음먹는다. 다만 거기에 사실과 진심과 유머가 적절히담겨 얼마간의 쓸모가 있기를 나는 바란다.

혈액형별 성격 유형 구분이 한때 유행했다. 초등학교 시절 혈액형 검사에서 O형이 나왔으니 그 후 나는 O형의 삶을 살았다. 한참이 지나 학교에서 멘델의 법칙과 항원, 항체 따위를 배우는데 그만 충격을 받고 말았다. 아빠가 AB형이었다. 나를 다리 밑에서 주워 왔다는 엄마의 말을 곱씹었다. 혼자 동네 의원에 찾아가 혈액형 검사를 하고 나서야 오해를 풀었다. 그 뒤로 나는 비교적 최근까지 A형의 삶을 살고 있다. '소심하다'를 '세심하다'라고 읽으며 지낸다. 사진을 찍으려면 사람 앞에 설 일이 많은데 부끄럼 많은 나는 다가가길 망설였다. 시간이 필요했다. 피사체와의 거리는 관계와 비례하는 일이 많았다. 나는 딸아이 코앞에서 카메라 들기에 주저함이 없었지만 처음 보는 사람 앞에서는 어려웠다. 무작정 카메라를 가까이 들이대는 건 폭력적이라고도 느꼈다. 그럼에도 나는 광각렌즈 끼우고 가까이 다가가 찍는 사진을 선호했다. 낯선 이와 관계를 시작하는 몇 가지 행동을 익혀야 했다. 지켜보기, 어슬렁거리기, 웃음 짓기, 시시한 농담 건네기, 사소한 것들을 묻기 등이 그것이다. 사실 거리에서 만난 사람들은 대개 자신의 사정이 알려지길 바라는 입장이었으니 '관계 맺기'를 생략한다고 해서 안 될 것도 없었다. 그러나 나는 그게 최소한의 예의라고 여겼다. 마음의 거리를 줄이는 과정이라고도 생각했다. 공감은 종종 좋은 사진의 밑거름이 됐다. 너무 깊이 들어가서는 안 된다고도 생각했다. 한 발짝 물러나 바라볼 수도 있어야 한다고 언젠가 책에서 배웠다. 균형감각 따위 단어를 떠올리기도 했다. 하지만 돌이켜보면 멀찍이 물러나지 못해 실패한 일보다는, 가까이 다가가려는 노력을 하지 않아 망친 일이 훨씬 많았다. 거리에서 만난 사람과의 아름다운 거리가 얼마쯤일지를 늘 고민한다. 정답은 아마도 없을 테니, 묻고 또 묻는 수밖에 없겠다. 난 오늘도 카메라 뒤에 웅크린 채, 피사체에 좀 더 가까이 다다갈 수 있기를, 그러면서도 한 발짝 물러나 주변을 조망할 수 있기를 그저 바란다.

작은 카메라를 메고 다닌다. 회사가 지급한 장비는 책상 아래에 뒀다. 일찍 낡은 몸이 큰 카메라의 무게를 견디지 못한 것이 첫째 이유다. 카메라 앞에 선 사람에게 부담을 적게 주려는 게 둘째 이유다. 언제 어디든 메고 다닐 수 있어서 좋기도 하다. 결정적인 어떤 순간을 놓치지 않으려는 욕심도 한때 가졌던 것 같은데 이제는 흐릿하다. 손에 든 휴대폰처럼, 없으면 불안하고 초조해진다. 이것도 의존증일까. 그냥 버릇이 됐다고 친다. 속도가 좀 느려 답답할 때가 있는데, 익숙해졌다. 수십 년 전 수동 조작 카메라로 찍어낸 놀라운 사진들을 떠올리곤 한다. 어느 빌딩 엘리베이터에 탔는데, 그곳 시설 관리하는 나이 지긋한 노동자가 내 가슴팍 카메라를 유심히 살핀다. 집 장롱에 넣어둔 오래된, 그러나 당시에 최신의 것이었던 카메라 얘기를 꺼낸다. 렌즈가 고장났단다. 필름 한 통을 다 찍고 나서야 그걸 알았다고 했다. 가족 여행 가서 남긴 아이들 사진이 날아가 안타깝다고 말했다. 그래서 고쳐보라고 조언했더니, "에이, 요즘 휴대폰 사진 잘 나오는데 고쳐 뭘 하냐"고 손사래 쳤다.

누구나 사진을 찍는다. 관광지에서, 집에서, 또 촛불 일렁이는 집회 현장에서 하늘 향해 솟아오른 휴대폰이 구석구석을 생생히 기록한다. 큰 카메라 들었다는 이유로 모임의 사진 기록을 담당하는 일이 많다. 이리 쭈그리고 저리 달려 저들의 기대에 부응하려고 애쓴다. 툭툭 찍어 올린 휴대폰 사진을 게시판에서 보고 나는 허탈했다. 기술의 발전이 놀랍게 느껴졌다. 요즘 카메라는 하늘을 날고, 360도 전 방위를 기록하고 얼굴 솜털에 붙은 먼지를 구분할 정도가 됐다. 크고 무거운 최신의 값비싼 장비가 훌륭한 사진을 찍을 가능성을 높여줄 테지만, 좋은 사진을 보장하는 건 아니라는 뻔한 말을 되새겨본다. 작은 카메라를 들고도 꽤 괜찮은 사진을 찍어보겠다는 치기 섞인 도전을 오늘 또 계속해본다. 사진이야말로 사람의 일일 테니, 그게 가능할 것 같다고 생각한다. 아직 찍히지 않은 내 '인생 사진'이 한 두어 장은 있을 것이라고 본다. 지금 쓰는 카메라 후속 신제품이 나왔다는 소식에 맘이 잠깐 설렌다. 그것만 사면 내 사진이 좀 더 나아질 것만 같은 생각을 떨치기 어렵다. 이놈의 장비병은 내 팔의 흉터처럼 사라지지 않는다. 앞서 말이 그럴듯했는데 실은 통장 잔고를 확인하고 참는 중이다. 여기저기 긁히고 찌그러진 내 작은 카메라가 아직은 충분히 쓸모가 있다고 혼잣말을 중얼거린다.

빚지다

언젠가 빛에 빚지고 산다던 사진가 몇몇이 모여 사진 달력을 만들었고, 그 수익을 길에서 싸우던 사람들에게 전달했다. '최소한의 변화를 위한 사진가모임'이라고 이름 붙였다. 그간 막연했던 사진의 쓸모에 대해 생각하게 됐다. 그들의 용기와 따뜻한 마음에 나는 빚진 게 있다. 최소한의 변화라도 만들어내려는 어딘가의 모든 움직임에 나는 빚지고 산다. 고마운 일이다. 박운 매일노동뉴스 편집국장은 빈틈 많은 내 사진과 글을 오래도록 응원해줬다. 칭찬과 마감 독촉이 연재를 이어가는 데 큰 힘이 됐다. 게으른 나를 견뎌준 선후배 동료에게도 고마움 전한다. 가장 가까운 자리에서 힘이 되어준 아내 여정민 씨와 딸 다은이에게 특별한 고마움을 느낀다. 나는 어딘가에, 누군가에게 기대어 선다. 빚지고 산다.

일러두기

＊피사체와의 거리를 기준 삼아 총 4부로 나눴다. 대략의 수치다.

＊각 글 제목 옆의 숫자는 '초점거리'로 피사체와의 거리를 가늠해보기 위해 적었다.
50밀리미터를 기준으로 짧은 것은 광각, 긴 것은 망원 영역이다. 카메라 이미지 센
서 크기에 따라 계산이 달라질 수 있다. 구분하지는 않았다.

1미터

큰일인데
별일 아닌 것처럼

1 1.2 1.5 2 3 5 7 10 ∞ m

엎어지기야 어려운 일도 아니었는지 철퍼덕 땅에 잘도 붙었다. 일어나는 게 문제였다. 서울역에 가까이 와서다. 광화문에서 가기에 멀지 않은 곳이라지만 기어가려니 다르다. 꾸역꾸역 자벌레가 기듯 나아가는데, 일어서는 동작이 흐트러진다. 무릎 짚고 종종 휘청거렸다. 얼굴은 차차 붉어지고, 이리저리 엉킨 머리칼이 뺨에 붙었다. 숨이 가빴다.

과연 그것은 고행이었다. 몸으로 말하기다. 앞서 바닥을 기었던 사람들이 뒤에서 함께 엎어졌다. 기도하는 구도자들이 앞장섰다. 능숙한 사람들 사이에서 아무렇지도 않게 호흡을 맞췄다. 별스러울 것도 없었다. 싸움이 이미 길었다. 그건 아픈 일이었다. 다시 말하는 것도 입이 아프다고 토론회에 나선 사람들이 말했다. 알고도 여태 어쩌지를 못해 마음에 짐 진 이들이 그 곁을 지켰다. 팻말을 들고 묵묵히 행진을 따랐다. 물을 건넸다. 엎어지고 일어나기를 반복해 닿은 곳이 서울역 앞 역사 농성장이다. "고속 열차가 곧 출발합니다" 안내 방송이 분주히 흘렀다. 웃음 많은 철도노조 KTX열차승무지부장이 땀범벅이 된

얼굴로 결의 발언을 했다. 뒤에서 울던 동료들과 나란히 서서 오체투지(온몸을 던져 절을 함) 행진을 마무리하는 절을 했다.

서서는 손을 모았고, 엎드려서는 앞으로 뻗었고, 종종 하늘 향해 쳐올렸다. 손에는 장갑을 꼈다. 발 뒤에 다른 이의 손이 가까웠다. 시선은 대체로 높았고 멀었다. 엎드리는 사람들 사이에 있다 보니 카메라가 높았다. 내려다보기는 익숙지 않은 일이기에 나도 저들을 따라 몸을 낮추곤 했다. 바닥 가까이에선 잔뜩 일그러진 표정이 보였다. 버릇처럼 찍어뒀지만 그 사진들은 쓸수가 없었다. 반복되는 여러 동작 중 일어서는 걸 자꾸 담았다. 화면을 사선으로 꽉 채우길 바랐다. 선택했다. 승무원들의 싸움은 길었다. 오체투지가 처음이었는지를 확인해야 했다. 안 해본게 없다고 그들은 말했다. 긴 싸움에 나선 사람들은 자주 고난을 마이크 삼았다. 조계종 사회노동위원회 스님들이 노동자들의 싸움에 함께하면서 당시 곳곳에서 오체투지 행진이 잦았다. 거리로 쫓겨난 지 12년이 된 2017년 9월 김승하 당시 KTX열차승무지부장의 뒷모습이다. **일어서는 일. 18mm**

서울 강서구 등촌동 콜텍 본사 앞 농성 천막. 단식 농성하는 콜텍 해고자 임재춘 씨가 등받이 의자에 기대어 발을 뻗고 앉아 있다. 연대하러 찾아온 사람을 바라본다. 손에는 휴대폰을 들었다. 단식 열흘째, 재춘씨가 웃는다. 친구이자 동지 또 투쟁 선배인 행란씨가 찾아왔는데 좁은 천막이 시끌벅적하다. 멀리서부터 요란스럽기에 진작에 그가 온 줄을 알았다고 했다. 굶는 사람 앞에서 죽는 얘기를 할 수도 없어 행란씨는 사는 얘기를 죽 풀어낸다. 그게 다 먹는 얘기다. 녹색병원 앞 분식집 순대부터 또 어디 맛나던 요리까지. 기어이 그 앞에 빵 두 봉지를 풀고 먹는다. 쫄깃한 게 이 빵 참 맛있다며 권한다. 놀려먹을 심산인데, 그걸 모를 리 없는 재춘씨가 한바탕 웃고 만다. 자기도 그랬다고. 내가 당할 줄은 미처 몰랐단다. 언젠가 기타 공장에서 라인 책임자 맡아 한창 일할 때에도 잘릴 줄은 생각지 못했다. 13년, 이렇게까지 긴 싸움이 될 줄은 꿈에도 몰랐다. '가족들과 밥 한 끼 먹는 게 꿈이야'라고 재춘씨는 농성 천막에 새겼다. 홀로 감잎차를 마셨다. 휴대폰을, 또 시집을 뒤적거렸다. 대뜸 송경

동이 거냐고 행란씨가 물어보니 보란 듯 시집을 툭 던지고 툭탁 툭탁 말씨름 시작이다. 나도 시집 많다, 더 유명한 사람이다, 뭐 다 하는 만담이 길다. 아, 정말 나랑 안 맞는다고 재춘씨가 소리 쳤다. 웃고 만다. 얼마 전 문화제 무대에 올라 읊었다는 시가 윤동주 작 '무얼 먹고 사나'였다. 재춘씨는 거기에 노동자 등쳐먹고 사는 자들 얘기를 덧붙여 말했다는데, 일기장에 적었다는 그 내용이 꼬불꼬불 암호 같아 온전히 복기할 수는 없었다. '사장'과 '재벌' 또 '구조' 따위가 알아볼 만큼 선명했다. 기타 만들던 시절 얘기라면 술술 재춘씨 기억이 또한 또렷했다. 니들이 나보다 기타를 잘 아냐고, 그 앞 본사 직원들과도 말다툼한단다. '우리에게도 명예가 있다'고 농성장 또 한 벽에 새겨 걸었다. 기대어 앉은 자리 옆으로 장미 한 송이 시들어간다. 기타 회사 앞 하얀색 천막이 봄바람에 운다. 흰머리 재춘씨가 흰옷 입고 말라간다. 재춘, 다시 봄이다.

밥 먹었느냐고, 사람들은 안부 인사한다. 밥벌이라고 노동을 칭한다. 한솥밥 먹는 식구라고 가족과 친한 동료를 이른다. 가족과 밥 한 끼 먹는 게 소원이라고 밥 굶으며 농성하던 임재춘 씨는 언젠가 말했다. 13년 거리 생활 끝에 2019년 3월 임씨는 끝장 단식에 나섰다. 끝을 알 수 없는 노릇이지만 돌아갈 길도 마땅찮았다. '우리에게도 명예가 있다'고 임씨는 농성 천막 한쪽에 썼다. '돈은 언제쯤 벌어 오냐'는 딸의 물음을 그 옆에 붙여뒀다. 연락도 없이 무작정 찾아갔다. 물어볼 것도 딱히 많지는 않아서 천막 한쪽 구석에 앉아 이것저것 살피며 시간을 보냈다. 가끔 뭘 하나 물어보면 줄줄이 설명하는 모습이 거침없었다. 나 말고도 누군가 분명히 수차례 물어봤을 얘기였다. 피로 회복제 같은 걸 내어주면 받아 먹었다. 누가 찾아오면 나누는 얘기를 들었다. 빵을 둘러싼 만담이 인상 깊었다. 농성 천막 한쪽에 붙여둔 장미가 눈에 띄었다. 켄 로치 감독의 2000년 작품 '빵과 장미'를 떠올렸다. 내내 고개 숙인 채 힘겨워하는 모습을 상상하고 찾아갔지만 보기 좋게 예상이 빗나갔다. 임씨는 대체로 심각했지만 또 자주 웃었다. 찾아온 사람들은 농담 건네기를 주저하지 않았다. 그게 더 낫다는 걸 알 만한 사람들이었다. 저마다의 싸움이 길고 깊었다. 단식 생활 지침 같은 걸 두고도 할 말이 참 많았으니 이런저런 잔소리 듣던 농성자 얼굴에 허탈한 웃음

이 번졌다. 기다리던 표정이었다.

국내 최장기 투쟁 사업장인 콜텍 노사가 정리해고 13년 만에 해고자 복직에 합의했다. 복직 투쟁 4464일, 임재춘 씨 단식 42일 만이다. 기다리던 소식이었다. 다시 찾아간 농성 천막에서 임씨는 진지한 표정으로 미음을 뜨고 있었다. 축하한다는 말 한마디 건네는 게 머쓱해 나는 그저 카메라 셔터만 연신 눌러댔다. **빵과 장미. 90**

2009년 8월 경기 평택 칠괴동 어느 5층 건물 지붕 위에 올라 그 건너 불구덩이 쌍용차 공장을 바라보며 하염없이 속 태우고 살 태우던 날, "수원 집이 팔렸다"고 어머니가 알려 왔다. 오래도록 살아온 수원을 떠나 텃밭도 좀 딸린 시골집으로 가고 싶다고 계속 말씀해오던 터. 놀라운 일은 아니었지만 괜히 서운한 감정이 복받쳤다. 한 20년 산 고향이라고 이젠 찾아갈 곳이 없어진다고 생각하니 아쉬웠던 모양인데, 그 '전쟁터'에서 그런 감상은 사치스러웠다. 정리해고로 찾아갈 일터를 잃은 수백 명 사람들 앞에서는 그랬다. 다만 날 뱃속에 가지고도 뒷산에 올라 땔감을 해왔다던 어머니가 오랜 공장 일에서, 온갖 집안일이며 조카들 돌보는 노동에서 이제야 '희망퇴직'하는 것이라고 생각했다.

이명박 대통령이 김대중 전 대통령의 병실을 찾았던 날, "새집을 계약했다"고 어머니가 전했다. 버스가 하루에 일곱 번 다니는 천안 교외 작은 마을에 있는 오래된 집이라고 했다. 흙

벽에 슬레이트 지붕, 재래식 화장실과 외양간이 그대로여서 정겹지만, 문짝이며 싱크대까지… 뜯어고칠 일은 산더미란다. 내 걱정도 산더미였다. 해서 몇 마디 거드니 어머니는 내게 밥은 먹었느냐며 짐짓 딴청이다. 내가 찍은 김대중 전 대통령의 인터뷰 사진이 담긴 신문을 들고 수원 집을 찾았을 때도 어머니는 내게 "밥은 먹었느냐?"부터 물었다. 위태로이 '횡보橫步' 중인 김 전 대통령의 '한 시대'를 평가하려는 작업에 기자들 손놀림이 벌써 분주한 때, '밥 먹는 일'이 가장 중요했던 우리 어머니의 배고팠던 '한 시대'도 이제 황혼길에 들었다고 나는 생각했다. 찌릿찌릿 저리다던, 굳은살 많은 그 손이 내내 걱정이다.

엄마는 집 거실 식탁에 팔꿈치 기대어 앉아 있다. 손을 만지고 있다. 시선이 거길 향했다. 머리엔 수건을 둘렀다. 예전 살던 집 거실엔 해가 늦게까지 들었다. 방향이 서쪽에 가까웠나보다. 해거름 녘 노랗고 붉은 빛이 들 때면 집 안 모든 것이 입체적으로 보였다. 카메라 든 나는 그 시간이면 바빴다. 머리 감고 나온 엄마가 식탁에 앉아 이런저런 말을 풀기 시작한다. 바닥에 쭈그려 사진을 찍는데, 엄마가 손사래 친다. 뭐, 이런 걸 찍느냐고 잔소리다. 아랑곳 않고 찍는다. 대화를 이어가려고 손에 대해 물었다. 저릿저릿 아프다고 엄마는 답했다. 꽤 오래전 일이다. 그때 이미 늙었던 엄마는 여기저기 아팠다. 오랜 공장 일과 집안일 때문일 테다. 많이 찍어둬야겠다고 마음먹었다. 엄마를 제일 잘 찍을 수 있는 사람이 나 말고 또 있던가. 종종 찍었

고, 사진이 쌓였다. 들여다보니 책장 빠르게 넘기듯 사진 속 엄마는 늙어갔다. 주름이 늘고 흰머리가 많아졌다. 정수리가 나날이 텅 비어갔다. 텃밭 딸린 새집에 가서도 엄마는 쉬지 못했다. 텃밭에서, 마당에서, 또 거기 부엌에서 매일같이 바빴다. 또 한동안 시내 어느 빌딩에서 빗자루와 걸레 들고 바빴다. 희망퇴직 운운했던 내 판단은 틀리고 말았다. 손주가 찾아가면 5만 원짜리를 그 작은 손에 쥐어줬고, 때 되면 텃밭에서 거둔 양파와 고추, 무와 배추, 마늘 따위를 상자에 담아 아들딸 집에 택배로 보냈다. 더운 날 전화 드려 안부를 물으면 이제 귀찮아서 아무것도 안 한다고 했는데, 그게 다 엄마 거짓말이었다. 거실과 마당에 놓인 화분 속 이파리엔 윤기가 흘렀고, 꽃이 예쁘게 피었다. 엄마 머리칼은 푸석거렸고, 얼굴엔 기미와 주름 더 깊었다. 조만간 한 번 더 엄마 아빠 얼굴 사진을 공들여 찍어야겠다고 생각했다. 쓰일 곳이 분명한 얼굴 사진이 있다. 오래도록 쓸 일 없기를 바라는 사진이다. **어머니의 희망퇴직. 50**

늦은 밤 덜그럭거리는 연장 가방 메고 아버지가 왔다. 술 냄새가 폴폴, 오래 삭힌 홍어 냄새가 거기 섞였다. 취기에 비틀 거리는 아버지가 새로 산 흰색 농구화를 밟을까 걱정했다. 유명 상표였는데, 어머니를 오래도록 졸라 얻어낸 것이었다. 아래만 지켜보며 전전긍긍 서 있는데, 아버지가 껴안고 얼굴을 비볐다. 정리 안 된 수염이 까칠해 나는 뒤로 내뺐다. 평소 무뚝뚝했던 아버지는 취하면 살가웠다. 얼른 씻으라고, 어머니 목소리가 버럭 높았다. 벗어둔 신발 정리하는데 낡을 대로 낡은 아버지 신발엔 시멘트가 덕지덕지 붙어 있었다. 발 냄새가 지독했다. 오래전 내가 신던 운동화였다. 공사장에서 미장일하는 아버지가 어느 날 고소 작업대에서 떨어져 다쳤다. 뼈가 부스러진 탓에 병원 생활이 길었다. 밤마다 침대 곁을 지키는데 한쪽밖에 없던 아버지 신발에서 냄새가 솔솔 올라와 힘겨웠다. 산업재해 처리도 골칫거리였다. 신발 하나 튼튼한 걸로 새로 사시라고 괜히 타박했다. 미안하고 또 고맙다면서 꼭 잡던 그 손이 거칠거칠 당신 신발처럼 늙고 낡았다. 언제나 무뚝뚝했던 아버지가 늙고 아파서야 내게 부쩍 살가웠다. 훌쩍 5월, 전화 넣어 발 치수를 물어야겠다.

어릴 적 다니던 학교에서 부모님 직업과 학력을 적어내라고 종이를 줬다. 집에 가 묻기는 또 싫어 나 혼자 적어 냈다. 아버지는 집 지으니까 건설업, 어머니는 밥 짓던 회사 이름만 썼다. 뭔가 좀 있어 보인다고 생각했다. 부끄러웠던 탓이다. 커다란 연장 가방 메고 돌아온 아버지한테선 시큼한 땀 냄새와 발 냄새가 많이 났다. 옷은 여기저기 찢어져 남루했고, 신발엔 온통 시멘트 자국이었다. 술 한잔 걸친 아버지가 돈이 든 봉투를 어머니에게 주는 걸 어찌 보고는, 당시 유명했던 브랜드 신발 사달라고 며칠을 졸라댔다. 어머니는 막내 성화를 이기지 못했다. 나는 늦도록 철들지 않았다. 지금에야 얼굴이 화끈거린다. 여태 무뚝뚝한 아버지가 종종 전화하신다. 택배 보내려는데 주소가 맞느냐고. 어머니가 싸준 반찬과 직접 기른 토마토와 무, 배추 따위 채소가 박스에 가득했다. 가끔은 오타 가득한 안부 문자메시지를 내게 보낸다. 나는 그제야 전화해 "예예, 아버지, 네네" 하고는 끊는다. 2016년 4월 산업재해 사망 대책 마련을 촉구하던 집회에서 한쪽에 쌓아둔 안전화 더미를 한참동안 지켜봤다. 오래전 아버지의 냄새를 맡았다. **아버지의 신발. 31**

공장 정문 안내실 옥상에 비닐집 얼기설기 짓고 사람 둘이 굶었다. 한때 일했던 공장이 내려다보이는 자리였다. 한 달에 잔업 100시간을 했다. 100만여 원 월급을 받았다. 기륭전자 생산 라인에서 일했지만, 그곳의 직원은 아니었다. 잡담했다고 문자메시지로 해고 통보가 날아왔다. 노동조합을 만들었고 싸움에 나섰다. 불법파견 판정이 따랐다. 회사는 꿈쩍도 안 했다. 싸움이 격해졌다. 2008년 8월 단식 두 달이 가까운 때였다. 농성장 앞에는 근조라고 적은 검은색 관 모형을 뒀다. 바짝 마른 몸을 의자 등받이에 기댄 채 마른 입술에 침을 발랐다. 불법파견 비정규직 문제 해결을 요구했다. "옛날엔 사람이 분신하면 온 나라가 뒤집혀서 '해결하라'고 들끓었는데, 이제 한두 사람 죽어도 '누가 죽었나 보네'라며 금세 잊힌다"고 말했다. 살려고 죽음을 결심했다고 했다. 야만의 사회라고 덧붙였다. 구호는, 또 싸움의 말은 대개 과장되기 마련이라지만, 이들의 말에는 바짝 말라 뼈에 붙은 살처럼 뺄 것이 없었다. 사람들이 그 아랫자리를 찾아 심각한 표정으로 발을 동동 굴렀다.

두 달을 굶은 뒤에야 언론이 찾아왔다. 나도 그중 하나였
다. 뭔 일이 심각히 불거지고 나서야 현장을 찾는다. 사람이 다
죽어갈 때가 돼서야 사안의 심각함을 살폈다. 엉덩이가 무거웠
고, 카메라가 무거웠다. 나는 자주 무뎌졌다. 이런저런 싸움의
현장을 자주 접하면서, 큰일을 별일 아닌 듯 여기는 경우가 많
아졌다. 정문 앞에서 기자회견을 마친 민주노총 조합원이 비닐
집에 올라 바짝 마른 발목을 잡으며 걱정하자, 유흥희 씨가 "원
래 쪼그매요"라며 웃었다. 죽겠다고 굶는 사람 앞에서 그들 마
른 몸을 찍는 일이 유쾌할 리 없었는데 나는 그만 웃고 말았다.
실은 그 자리 내내 찌푸린 얼굴과 고성과 몸싸움만 있던 건 아
니었다. 사람들은 극한의 상황에서도 종종 농담을 이어간다. 살
았으니 그런 것일 테다. 그러나 웃는 모습 사진은 지면에 쓰기
에 조심스러웠다. 자칫 한가해 보이진 않을까를 고민했다. 사진
은 찍고 나서도 선택의 문제가 끝없다.

농성은 이후에도 끝이 보이지 않았다. 김소연 기륭전자분
회 분회장은 94일, 유흥희 조합원은 67일을 굶었다. 동조 단식
농성을 비롯한 연대 투쟁이 이어졌다. 정치권까지 가세한 끝에
2010년 11월 정규직으로의 복직 합의가 이뤄졌다. 불법파견
노동자의 정규직화를 명기한 최초의 노사 합의였다. 조합원들
은 복직 합의에 따라 2013년 5월 서울 신대방동 기륭전자 사무
실로 출근했지만, 회사는 8개월이 넘도록 이들에게 업무를 주
지 않았다. 회사는 임직원을 해고하고 자산을 처분한 뒤 야반도
주를 감행했다. 텅 빈 회사에서 358일간 농성을 한 조합원들은

농성장을 정리하고 다시 거리로 나섰다. 온갖 싸움을 순서대로 복기하기도 쉽지가 않았다. 1895일이었다. 5년 하고도 70일이다. 돌아갈 공장은 없어졌지만 이들은 곧 새집 지을 기대에 들떴다. 싸우는 비정규 노동자의 쉼터 '꿀잠'을 만드는 데 앞장섰다. 서울 영등포구 도신로 51길 7-13 꿀잠을 찾아가면 부엌에서, 또 그 앞 회의실에서 쉼터 살림 꾸리느라 바쁜 저들을 만날 수 있다. **'쪼그매요'. 47**

오후 두 시, 사이렌이 요란스레 울었다. 차가 멈추고 사람이 섰다. 군용차가 세종로 텅 빈 도로를 내달렸다. 민방위 깃발이 바람에 날렸다. 국민의 생명과 재산을 지키기 위한 훈련이라고 사전은 풀이했다. 오후 세 시, 농성하던 유민 아빠가 천막을 나섰다. 청와대를 향했다. 경찰 무전기가 곳곳에서 요란스레 울었다. 구급차가 느릿느릿 걸음 맞춰 따라붙었다. 봉황상 화려한 분수대 앞에 이르러서야 잠깐 쉬었다. 지팡이에 기대어 먼 곳을 살폈다. 긴 숨 내쉬고 민원실 방향으로 걸었다. 따라붙던 경찰이 재빨랐다. 몸싸움이 한바탕 요란스러웠다. 바짝 마른 김씨가 그 틈에서 자주 휘청거렸다. 신호등 녹색불이 깜박깜박 다급했다. 깃발 앞세운 중국인 관광객들이 시끌벅적, 난리통 그 길을 부지런히 지났다. 어스름 저녁, 광화문광장 농성 천막 앞에 가만히 선 젊은 엄마 눈시울이 붉었다. 품에 안긴 아이가 엄마 눈을 이리저리 살폈다. 4월 16일 하루가 또 저물었다.

청와대 앞 지키는 경찰이 손을 뻗어 세월호 유가족 유민

40

아빠의 손을 잡고 있다. 발 디딘 곳은 청와대 사랑채 앞 도로 위다. 유민 아빠의 시선은 횡단보도 건너편을 향했다. 땀이 흘렀다. 2014년 8월 한여름 더운 날이었지만 참사의 유가족들은 하루 또 4월 16일을 살았다. 진상 규명 요구하는 목소리는 불온했다. 느린 발걸음은 언제나 날랜 경찰에 막혔다. 울음 끓어올라 숨이 막히는 하루하루였다고 유가족은 나중에 말했다. 하루 더 말라가는 수밖에 다른 길을 찾지 못한 유민 아빠는 청와대 민원실을 향해 걸었다. 느린 걸음 따라 나도 걸었다. 위태롭던 걸음을 찍었다. 마른 팔다리와 가쁜 숨 내쉬던 모습을 눈여겨 살폈다. 분수대 앞에 다다르자 그 앞 지키던 경찰들이 분주하게 움직였다. 언제 어떤 상황이 벌어질지를 몰랐으니 유민 아빠 주변을 맴돌았다. 횡단보도를 건너는 순간 경찰과 엉켰다. 달려가며 찍었다. 버텨봤지만 나는 곧 밀려났다. 반소매 셔츠 차림 그곳 경찰은 빠르고 힘이 셌다. 곡기 오래 끊었지만 살아 숨이 가빴던 유민 아빠는 몸싸움을 이겨낼 수 없어 농성장으로 발길 돌렸다. 4월 16일이 저물었다. 왜 저곳을 갈 수 없느냐고, 왜 구하지 않았느냐고 아빠는 묻고 또 물었다. 진상 규명에 아무런 진척 없을 때였으니, 나는 광화문 세월호 천막을 찾아가 말라가는 사람과 눈물 젖은 사람을 찍고 또 찍었다. **신호등 빨간불. 16**

예지 엄마는 서명지 묶음을 챙겨 들고 청와대를 향했다. 세 걸음 걷고 한 번을 절했으니 그 행진은 느렸다. 엎드려 뻗은 손 위에 아이 명찰과 학생증이 툭 떨어졌다. 땀인지 눈물인지 흘러 툭, 돌바닥을 적셨다. 길 막아선 경찰 앞에 이르러서는 제자리걸음 세 번에 절 한 번을 했다. 행진은 막혔다. 경찰은 대답하지 않았다. 무전 소리가 분주했다. 단호했다. 경찰 가랑이 사이를 밀치고 기어 엄마는 홀로 광장을 걸었다. 경찰이 둘러쌌다. 엄마는 울었다. 뒤편 대한민국역사박물관 앞에 걸린 태극기가 바람에 살아 울었다. 청계광장 앞에 모인 어버이들이 세월호 유가족 선동꾼을 지옥으로 보내자며 목소리 높였다. 도처에 생지옥이다.

세월호 유가족이 세월호특별법 제정 촉구 서명 용지 전달을 위해 광화문광장에서 청와대 방향으로 삼보일배 행진을 했다. 경찰이 막아섰다. 유가족이 울고 있다. 시선이 먼 곳을 향했다. 막아선 경찰은 고개 숙이고 있다. 아이 앞세운 부모 죄가 깊어 엄마 아빠들은 살아 지옥을 견뎠다. 생지옥이다. 자신의 이름

보다는 누구의 엄마 아빠로 불렸고, 목에는 쓸모를 잃은 학생증과 명찰을 걸고 다녔다. 부디 진실을 밝혀주세요, 간절한 바람은 티셔츠에 새겼다. 차림새가 아니라도 그가 세월호 유가족이라는 걸 모를 수가 없었다. 표정과 몸짓에 새겨진 특징들이 명찰보다도 선명했다. 그렇지 않고야, 저렇게 울 수는 없다. 그렇지 않고야, 저렇게 간절할 수 없다.

2014년 9월 서명지 전달하러 가는 작은 규모 행진은 시작부터 막혔고 여기저기서 울음과 비명이 터졌다. 카메라 들고 허둥지둥 여기저기를 뒤따랐으나 '더 좋은 그림' 따위는 없었다. 하나같이 지켜보기 힘든 장면이 매일같이 반복됐다. 나는 지옥을 상상할 수 없었지만, 다른 단어를 찾기도 어려웠다. 이곳이 지옥이구나 싶었다. 나는 무슨 사진을 더 찍고, 어떤 말을 보태야 할지를 알 수 없어 자주 멍하니 섰다. 정신 붙들어 잡고, 몸에 밴 뻔한 사진 공식대로 피사체를 따라붙었다. 경찰 사이에 끼어 이리저리 흔들리는 동안 초점 잃은 사진이 누군가의 손과 뒤통수, 다리를 기록했다. 그중에는 세차게 흔들리는 학생증도 있었다. 망친 사진이고 쓸 수도 없었지만 지울 수가 없어 그냥 뒀다. 경찰에 둘러싸여 움직이지 못하는 엄마가 꺽꺽 울며 말을 토했다. 고개를 꺾어 우는데, 뒤로 보이는 태극기가 눈에 밟혔다. 국가란 무엇인가, 이런 질문을 하는 사람이 당시에 많았다. 빨갱이 선동꾼을 지옥으로 보내야 한다며 태극기 흔들며 목소리 높이는 어버이들이 또한 거기에 많았다. 언젠가 지옥도를 그려야 할 일이 있다면 나는 그 장면들을 떠올릴 것 같다. **생지옥. 50**

영석 엄마의 손이 검은색 차량의 보닛 위에 있다. 빗물에 젖었다. 눈은 찡그린 채 차창 안을 향해 있다. 발은 도로 위에 있다. 비가 많이 왔다. 미끄러웠을 것이다. 세월호 참사 1주기, 우는 사람이 많았다. 기자들은 그날 소식을 전하며 '하늘도 울었다'는 상투적인 표현을 쓰곤 했는데, 이상하지도 않았다. 뭐라 표현할 길 막막한 그 감정과 표정 앞에서 카메라가 유독 크고 무거웠다. 자주 내려둬야 했다. 무언가를 필사적으로 막는 일을 찍기 위해서는 멀리서 혹은 높은 데서 당겨 찍거나 가까이 붙는 수밖에. 오랜 버릇처럼 사진기 든 사람들은 광각렌즈 끼우고 붙곤 한다. 이리저리 휘청거리며 몸싸움에 끼어든다. 움직이지 못하는 것이 막는 사람 때문인지, 그걸 찍고자 몰려든 기자들 때문인지를 묻는 건 거기 안산 화랑유원지 앞에서 의미 없었다. 얼굴에 줄줄 흐르는 것이 눈물인지, 빗물인지를 구분하는 것도 마찬가지였다. 영석 엄마는 온몸으로 울었다. 김무성 당시 새누리당 대표가 탄 차는 창문이 어두워 그 속을 볼 수 없었다. 그 표정을 함께 담을 수 있기를 바랐지만 노출 차이가 컸다. 누군가의 플래시 불빛이 우연히 비추길 바랐지만, 허사였다. 김 전 대표는 차에서 내리지 않았다. 차는 곧 자리를 떴다. 당시 대통령은 안산 합동분향소에 오지 않았다. **우는 사람.** 17

서울 어디, 원래는 차 다니던 길에 사람이 들었다. 목소리 높였다. 차벽이 금세 높아 막다른 길이었다. 오도 가도 못했다. 아이가 쪼그려 앉아 길바닥에 글을 남겼다. 하늘나라 간 언니·오빠의 안녕을 바랐다. 한자 한자 꾹꾹 눌러 적는데, 분필이 자꾸만 뚝뚝 부러졌다. 몽당 분필 겨우 쥐고서야 마침표를 찍었다. 풍선 달린 배 그림을 그 아래에 보탰다. 옆자리 사내아이는 결정적 오타를 남기고 말았지만, 가만히 지켜보던 엄마는 그럴 수 있다며 아이를 격려했다. 곧 그 앞 높다란 차벽 너머에서 물대포 최루액이 힘차게 솟았다. 2015년 5월 거리의 사람들은 몽땅 거칠거칠한 바닥에 나뒹굴었다. 매캐한 물이 거기 흥건했다. 쓰고 또 쓰고 몽당 분필 되도록 길바닥에 새긴 불온한 추모글을 깨끗이 지웠다. 이럴 수는 없다면서 길 위의 사람들이 밤새 울었다.

아이는 짧은 노란색 분필을 쥐고 있다. 발 디딘 곳은 도로다. 시선은 바닥을 향했다. 종종 옆자리 엄마를 올려다봤다. 추

모는 정권이 보기에 불온한 것이었다. 사람의 길은 자주 경찰 차벽에 막혔다. 가만히 있지 않겠다는 사람들이 이리저리 길에 흘렀다. 최루액이 따라 흘렀다. 숨 막히는 시간이 꽤나 길었다. 가족과 함께 나온 사람들이 많았다. 아이들은 저마다의 방식으로 추모했다. 곧 지워질 편지를 막힌 길에 새겼다. 엄마 품에 들어 두려움을 삭였다. 노란색 리본을 만지작거렸다.

평소 이런저런 집회에서 구호 적힌 팻말을 든 아이를 종종 본다. 아이의 입에서 나올 말은 아니었기에 때로는 불편했다. 그저 아이 맡길 곳을 찾지 못했구나 생각하고 말았다. 아이가 직접 새긴 추모글은 달랐다. 아이의 말이었다. 뚝뚝 부러져 몽당 분필이 다 되도록 기다렸다. 곧 차벽 너머에서 최루액이 날아들었고, 아이는 자리를 떠났다. 별일 없었기를 바랐다. 5주기가 지난 지금 사람들 가방에 노란색 리본이 달려 있다. 유가족은 다시 광장에서 팻말을 들었다. 어느 정치꾼의 막말이 태연한 탓이다. 진상 규명 여태 흐릿한 탓이다. 이제 제법 글을 읽고 쓰게 된 딸아이는 종종 광장의 노래를 흥얼거린다. 어느새 흐릿한 기억을 되새김한다. **몽당 분필. 50**

저 삼선 실내화는 물에 젖어 질척거렸다. 지난밤 천둥과 번개가 요란했고 소나기 오래도록 퍼부었다. 돌침대 삼은 아스팔트엔 물이 고였다. 배낭과 침낭까지 한 짐 지고 사람들은 앉지 못해 서성거렸다. 2014년 6월 노숙 농성은 한 달이 가까웠다. 제집인 양 서울 서초동 빌딩 숲길을 헤맸다. 해 지면 잠을 청했고, 해 뜨면 길을 나섰다. 일찍이 본 적 없는 대규모 도심 노숙 농성이라고 누군가 평했다. '생활임금 쟁취'와 '위장 폐업 철회' '노조 탄압 중단' 따위 요구에 '열사 정신 계승' 구호가 뒤따랐다. 누군가 유서에 남긴 요구였다. 상복은 종종 바닥에 끌리고 물에 젖었다. 영정은 때때로 구겨지고 찢겼다. 때가 탔고 군데군데 낡았다. 또 한 끼, 국밥을 말았다. 길 묻는 행인에게 친절한 미소로 상세한 답을 줬다. 서비스 정신이 그 와중에 투철했다. 고인 물에는 뭐가 비치는지 그도 궁금했다. 드높은 삼성전자 서초 사옥과 노란색 폴리스 라인 따위가 거기 선명했다.

삼성전자서비스 노동자가 길에 고인 물웅덩이를 바라보

고 있다. 삼성전자 서초사옥이 비친다. 삼선 슬리퍼를 신었다. 배낭을 멨다. 슬리퍼 찍찍 끌고 사람들은 주말 집 앞 편의점에 간다. 편한 차림을 이르는 말이다. 삼성전자서비스 노동자들은 한동안 서울 강남역 인근 삼성전자 서초사옥 앞 도로를 집 삼아 지냈다. 마침 비 오는 날이었으니 슬리퍼가 딱이다. 물이 고였는데 바람이 없어 반영이 또렷했다. 농성하던 이가 지나기를 기다렸다. 꾸부정 앉아 물구덩이 지켜보는 사진가가 궁금했던지, 그도 그 안을 살폈다. 플래시 불빛 보태 형체를 살렸다. 그 옆 거창한 빌딩을 욱여넣었다.

그 앞 노숙 농성 자리 곳곳에는 '생활임금 쟁취'와 '노조 탄압 중단' 따위 거창할 것 없는 구호가 나붙었다. 영정 담은 팻말이 줄줄이 길 따라 섰다. 조끼엔 재벌 기업의 마크가 선명했는데, 그 회사 직원은 아니었다. 너무나 흔해서 이제는 낯설지도 않은 일이었다. "저 최종범이, 삼성전자서비스 다니면서 너무 힘들었어요. 배고파 못살았고, 다들 너무 힘들어서 옆에서 보는 것도 힘들었어요. 그래서 전 전태일 님처럼 그러진 못해도 선택했어요. 부디 도움이 되길 바랍니다"라고 남긴 고 최종범의 유서 내용이 오래도록 낯설게 느껴졌다. 동료들은 그의 딸 별이의 돌잔치 상을 차렸다. 싸움에 나섰다. 회사의 노조 와해 공작이 속속 드러났다. 삼성전자서비스는 2018년 4월 협력 업체 노동자 8000여 명을 직접 고용했다. 노동조합 활동 보장을 약속했다.

삼선 실내화. 17

머리 허연 노인이 새카맣게 어린 모습 영정 앞에서 이제는 늘어 고장 난 몸을 힘겹게 접었다. 영정을 똑바로 보지 못하던 엄마가 그를 부축했다. "용균아, 절 받아라!" 호통 치듯 외치던 그의 눈이 붉었다. 주름 깊었다. 꽃다운 청춘이었다고 빈소 찾은 사람들이 포스트잇에 적었다. 스물넷 청년의 노동과 목숨을 연료 삼아 발전소는 돈다고 기자회견 자리에서 원로는 말했다. 컨베이어벨트는 멈추지 않았다. 진상 규명이 멀었다. 사람이 먼저가 맞느냐고 산 사람들이 물었다. 촛불을 되물었다. 가만 듣던 엄마가 울었다. 시신을 꺼내어 그 참혹한 죽음을 널리 알려야 한다고, 선생은 못할 말을 애써 꺼냈다. 죽음을 막을 수만 있다면 뭐든 하겠다고 엄마가 답했다. 밤낮없이 불 밝힌 빈소에 꽃향기가 가득하다. 촛불이 타들어간다.

엄마의 손은 백기완 선생의 팔을 붙들고 있다. 영정을 바라보던 눈은 돌아 나오면서 바닥을 향했다. 2019년 1월 빈소엔 꽃이 많았다. 조명이 많아 밝았다. 바닥은 매끈했다. 백기완 선

생은 이제 늙어 아프다. 우뚝 서 큰 소리 치던 모습은 옛일이다.
부축 받고서야 움직인다. 기자회견 앞자리에선 자꾸 눕는다. 뭐
랄 수도 없는 사람들이 안타까운 눈으로 살폈다. 목소리만큼은
정정한 편인데, 특유의 유머는 줄었다. 한때 그는 '조선의 3대
구라'로 통했던 호방한 이야기꾼이었다.

　늙어 초라한 걸음과 몸짓을 찍는 일은 조심스러웠다. 빈소
에서 절할 땐 사진 욕심을 부리지 않았다. 돌아 나오는 길에 일
그러진 표정과 김용균의 영정을 함께 담으려 뒷걸음질 쳤다. 신
발장 턱에 걸려 넘어질 뻔했다. 맨발로 나머지 상황을 따라갔
다. 흔한 일이다. "용균아, 절 받아라!" 외치고 몸 구부리던 노인
의 모습을 보는 건 흔치 않은 일이다. 일터에서 죽는 일이 그저
흔했다. 참담한 일이다. 더 이상의 죽음을 막자고 벌인 토론회와

집회 맨 앞자리에서 용균이 엄마를 자주 볼 수 있다. 여태 운다. 나는 또 그 눈물을 담겠다고 앞에 쭈그린 채 허둥댄다. **절 받아라, 용균아. 18**

용균이 엄마는 종종 웃었고, 자주 울었다. 잠시 눈 감을 때면 어김없이 눈물 흘렸다. 깊은 숨 뒤로 먼 데 바라보는 눈에는 주렁주렁 천장 등이 맺혔다. 보냈다지만 어찌 보낼 수가 있느냐고. 엄마는 그저 입술을 꼭 깨문다. 숱한 김용균이 아직 살아 줄줄이 죽음으로 향하는 컨베이어벨트를 탄다. 내가 김용균이라고 닮은꼴 사람들이 지난 두 달여 외쳤다. 더 이상 죽이지 마라, 언젠가 정태춘이 부른 노래 첫 소절을 구호 삼았다. 칼 쥐고 총 가진 자들을 향했던 말은 돌고 돌아 2019년 2월의 손팻말 속에 들었다. 돈이며 효율 따위가 총칼 자리를 꿰찼다. 벨트는 멈추지 않았다. 하루가 멀다고 죽었다. 앞다퉜다. 뒤따랐다. 고개 떨군 엄마가, 또 아빠가 상여를 뒤따랐다. 이름 석 자에 울던 엄마가 고개 들어 눈물 씻고 멀리 본다. 숱한 과제를 말한다. 고된 몸 잠시 기댄 서울 영등포 '비정규노동자의 집 꿀잠' 벽에 신세 진 사람들의 사연이 빼곡하다. 엄마는 거기 주방에 들어 그릇을 씻는다. 나갈 채비를 한다. 또 언젠가의 참사 유가족과 함께 기자 앞에 선다. 또박또박 복기한다. 눈물을 쏟는다. 중대재해기업처벌

법 제정을 호소했다. 영정 뒤따랐던 엄마가 앞장섰다. 늦깎이 엄마는 숙제가 많다. 그날 밤, 충남 당진 큰 공장 닮은꼴 죽음을 전하는 뉴스에서 그 모습을 볼 수 있었다.

태안화력에서 일하다 죽은 고 김용균의 엄마가 '비정규노동자의 집 꿀잠' 1층 식탁 앞에 앉아 있다. 시선은 앞에 앉은 기자를 향했는데 자주 그 너머 먼 곳을 바라봤다. 팔은 테이블에 기댔다. 손은 얼굴을 감싸 쥐거나 맞잡았다. 인터뷰였다. 얼마 전 자식 앞세운 사람에게 그 죽음을 다시 묻는 일이었다. 다행인지, 질문하는 건 나의 일이 아니었다. 카메라 뒤에 숨을 수 있어 다행이라고 나는 거기서 생각했다. 카메라를 좀 늦게 들었다. 조명 장비를 얼마간 챙겨 갔는데 꺼낼 생각을 접었다. 그저 바라보고 듣는 일을 한참 했다. 동기화라고 해야 할까, 감정을 끌어올리거나 낮추는 과정이었다. 감정이 넘쳐서도, 부족해서도 안 될 거라고 생각했다. 예의를 갖추는 일이라고도 여겼다. 보자마자 카메라부터 들이대는 건, 조명 세워 팡팡 터트리는 건 폭력적인 일이라고 느꼈다. 노력했지만 평정심을 유지하기가 쉽지 않아 나는 자주 울컥했다. 카메라 뒤로 숨었다.

앞모습 사진을 골라 인터뷰 사진을 따로 마감했다. 마냥 슬퍼 보이는 모습은 피했다. 이런저런 과제를 말하는 엄마의 의지를 드러내는 사진이었으면 좋겠다고 당시에 생각했다. 임시 거처 삼아 지내던 비정규노동자의 집 한쪽 벽엔 이런저런 선전물이 많이 붙었는데, 그게 다 숙제 같았다. 배경 삼아 실루엣 처

리했다. 검게 탄 속이겠거니 생각했다. 얼굴을 감싸 쥐거나 눈물을 닦던 장면이 메시지가 명확할 것 같아 여러 장을 찍었는데, 나중엔 먼 데 바라보는 시선이 그 앞 온갖 숙제 같은 문구로 향하기를 기다렸다. 매 순간 주저한 건 나였다. 그날 용균이 엄마는 자신의 슬픔에 대해 길게 말하지 않았다. 앞으로 해야 할 일을 말하는 데에 더 많은 시간을 들였다. 그만큼 자주 웃었다. 자꾸만 붉어지고 그렁그렁 물 고여 반짝거리던 눈을 보고서야 그 속을 조금이나마 짐작할 수 있었다. **엄마의 숙제. 53**

둥글게 말린 컨베이어벨트에 탄가루 잔뜩 앉았다. 손바닥 자국이 찌글찌글 남았다. 사고 현장이다. 들어가서는 안 되는 곳이라고 회사 사람은 강조했고, 들어가기도 힘든 곳이라고, 몸 굽혀 현장 살피던 조사위원은 말했다. 들어갈 수밖에 없었다고, 함께 일했던 동료가 사지에서 증언했다. 그의 안전모엔 이제 멀끔한 헤드 랜턴이 붙어 밝았다. 어두운 밤, 굉음을 내며 돌아가는 벨트는 생목숨을 삼키고서야 멈췄다. 주황색 '안전제일' 벨트가 뒤늦게 그 앞을 막았다. 위험, 접근 금지, 회전체 주의, 또 귀마개와 마스크와 보호구 착용을 알리는 온갖 안내문이 탄가루 덮어쓴 채 거기 많았다. '무고장 운전은 우리의 약속'이라고 전광판에서 밝게 빛나는 문구가 또한 여기저기 많았다. 중앙관제실 벽에 깜빡거리는 수치는 운탄 벨트와 보일러와 터빈의 현재 상태를 소상히 알렸다. 거기 어딘가에 끼여 부서진 몸뚱어리의 상태를 살피는 항목은 없었다. 무고장 운전 일수 목표치와 현재 달성 일수를 알리는 전광판이 제일 위에서 밝았다. 발전소는 오버홀, 계획 예방 정비 공사 중이었다. 일정 주기마다 완전히 분

해해서 점검한다. 갑작스러운 고장을 막기 위해서다. 죽음을 막기 위한 대수선 작업이 먼저다. 원죄 깊은 엄마가 호소하느라 여기저기서 바쁘다. 목이 쉰다.

한국서부발전 운탄 설비 컨베이어벨트에 탄가루가 쌓여 있다. 사람의 손자국이 남았다. 기계는 멈춰 있다. '고 김용균 사망사고 진상규명과 재발방지를 위한 석탄화력발전소 특별노동 안전조사위원회'(김용균 특조위)가 현장 조사를 했다. 발전소는 충남 태안 바닷가에 있었다. 냉각수 때문이겠다. 고속도로를 나와서도 구불구불 좁은 왕복 2차로를 한참 달려야 했다. 끼니를 해결하려고 도로변 편의점에 들렀다. 컵라면과 삼각김밥 따위로 간단히 때웠다. 김용균의 가방에서도 컵라면이 나왔다. 앞서 서울 구의역에서 스크린 도어를 고치다 사망한 김군의 가방에도 뜯지 않은 컵라면이 있었다. 그 역시 젊은 나이였고, 하청 노동자였다. 혼자 일하다 죽었다. 닮은꼴 죽음 앞에 참담했던 사람들이 목소리를 높였고, 국무총리실 산하에 특별조사위원회가 꾸려졌다. 2019년 4월 죽음의 현장을 찾아가 조사했다. 기자들이 따랐다.

어둡고 매캐한 먼지 가득했던 대형 설비를 돌아봤다. 거기 곳곳 커다란 조명이 밝았는데, 새로 들인 것이라고 현장 노동자는 말했다. 바닥 곳곳엔 물이 고여 있었다. 물청소의 흔적이었다. 비좁은 틈을 커다란 카메라 들고 뒤따르려니 쉽지 않았다. 안전모도 걸리적거렸다. 앞만 보고 서두르다 그만 설비 모서리

에 머리를 찧고 말았다. 거긴 애초에 사람을 위한 공간이 아니었으니 위험은 거기 노동자의 일상이었을 테다. 언젠가 건조 중인 대형 선박 안을 돌아봤을 때도 그런 생각이 들었다. 크고 무거운 철판이 떨어져 머리를 맞고 사망한 숱한 조선소 노동자의 얘기를 듣고서는 두려움이 컸다. 그 역시 대개는 하청 노동자였다니, 우연은 참으로 모질게도 분명한 경향성을 품었다. 고 김용균 사망 지점에 이르러 조사위원의 목소리에 화가 묻어났다. 현장을 안내하던 회사 측 사람의 한결같은 말을 따져 묻느라 그랬다. 깜깜한 밤, 저기 비좁은 틈에 몸 구겨 넣고 멈춰선 기계를 고치다 사망한 청년의 사정이 현장에 또렷했다. 수많은 센서가 기계의 문제를 살피고 중앙제어실로 알린다. 거기 홀로 일하는 사람의 상태를 파악할 도리는 없었다는 게 참담한 일이었다. 나는 평소 풍경 사진에도 사람을 같이 담는 버릇을 가졌는데, 기계만을 찍었다. 거기 쌓인 탄가루에 사람의 흔적만이 남아 있다. 내 사진첩에서는 흔치 않은 장면이다. 그러나 우리 사회 곳곳에 흔하디흔한 장면일 것이라고 생각했다. **오버홀. 32**

아들은 엄마의 고장 난 휴대폰이 걱정이었다. 이리저리 손
봐 고쳤다. 자전거 달려 서울지방고용노동청 앞을 찾아 엄마 손
에 건넸다. 레이테크코리아 노동자 나미자 씨는 노동청 앞자리
에서 철야 농성 중이다. 2015년 7월 시작해 보름째다. 불법 사
찰과 채증 등 회사 부당노동행위를 처벌해줄 것을 정부에 촉구
하고 있다. 노동조합 시작하고 나서부터였으니, 휴대폰을 쓴 지
가 꼭 2년이다. 그간 여성 탈의실 폐쇄회로 TV 설치부터 작업
장 밖 복도 점심 식사까지 별일을 다 겪었다. 액정 유리엔 금이
갔고 툭하면 말썽이었다. 믿고 맡길 아들이 있어 든든했다. 농성
장 지키던 엄마는 아들 밥이 걱정이었다. 농성장 구석구석을 뒤
져 흰 우유 하나 손에 쥐여 줬다. 한 솥 끓여둔 국은 비닐에 담
아 건넸다. 파이팅 한 번 하라고, 최종진 민주노총 수석부위원장
이 발길 돌리던 아들을 등 떠밀었다. "엄마, 힘내요" 소리에 나미
자 씨가 환하게 웃었다.

노동청 앞에서 철야 농성하는 엄마가 아들 손을 잡고 있

다. 시선은 동료를 향했다. 웃고 있다. 특별한 일 없어도 오며 가며 농성장을 찾아갔다. 혹시 뭐 없나 싶어서다. 뭐가 있긴, 거기도 사람 지내는 곳이니 사람 얘기에 귀 기울였다. 설렁설렁 농성장 주변을 맴돌다 보면 흥미로운 일이 보이곤 했다. 그게 다 먹고 자고 쉬는 것과 관련된 일이거나 이런저런 관계 속에서 벌어지는 일이었다. 철야 농성 혹은 노숙 농성이라는 특별한 상황이지만 그게 다 사람의 하루였다. 그중에도 좀 밝은 얘기를 담고 싶었다. 노동 혹은 농성을 생각하면 머리띠 매고 구호 외치느라 주먹 뻗는 그림이 익숙하다. 다른 면을 드러내 보이는 게 나의 일이다. 마침 청사 벽에 일과 가정의 조화를 강조하는 '일家양득' 캠페인이 붙었으니 엮어볼 만했다. 농성장 찾아온 아들을 만난 엄마는 표정이 내내 밝았다. 추임새 두어 번 보태면 웃음 빵빵 터지곤 했다. 카메라 붙어 어색했는지 쭈뼛거리는 아들에게 화이팅 한 번 하라고 누군가 큐 사인을 냈다. 옳거니, 나는 바쁘게 셔터를 눌렀다. 일도 하고 내 기분도 좋았으니, 일거양득이었다. **일家양득. 24**

아마도 그건 땀 냄새, 혹은 발 냄새. 어둡고 눅눅한 그곳 농성장에 시큼털털한 냄새가 무겁게 깔렸다. 아마도 그건 노랫소리. 비좁고 지저분한 거기 농성장에 기타 소리 더불어 비명 가까운 소리 사방에 퍼졌다. '농성 장기화와 얼굴들'이다. 달이 차오른다, 가자! 누가 외치면 두 팔을 휘이, 나래짓으로 화답했다. 머리 말리다 말고 기타 잡은 이나 누워 뒹굴다 한몫 거드는 이나 좋다고 춤추는 이나 모두 젊어 거리낌 없다. 통기타 라이브 공연이 끊이지 않는 곳, 서울 명동 재개발 구역 '카페 마리'다. 용역 폭력에 바닥 뒹굴대도, 밤샘 보초 긴장에 오금 저려와도, 무지막지한 개발 압력에 숨이 턱 막혀 와도 저들은 부르리, 명동 프리덤. 아마도 그건 사랑일 테지. 철거 맞서 지켜선 저들 말이야. 여긴 마리야.

서울 명동 재개발 지구 '카페 마리'를 지키던 청년이 기타를 치고 있다. 마주 앉은 이들이 노래하면서 몸짓을 하고 있다. 1988년 서울올림픽을 앞두고 당시 전두환 정권은 서울 안 달동

네 재개발을 추진했다. 서울 상계동에 살던 세입자들이 대책 마련을 우선하라며 천주교 도시빈민사목협의회를 통해 대책위원회를 만들고 맞섰다. 용역 깡패와 포클레인을 앞세운 강제 철거가 진행됐다. 경찰은 이를 방조했다. 철거민들은 천막을 치고 버텼다. 곧 철거됐다. 이들은 명동성당을 찾아가 한동안 머물렀다. 이후 부천 고강동에 정착했다. 상계동 철거민 사건이다. 1980년대의 일이다. 2011년이라고 별다를 것 없었다.

명동성당 인근 상가 지역에 재개발이 추진됐다. 국제 금융 허브 단지가 들어설 예정이었다. 사람들은 제대로 된 이주 대책 마련을 촉구하며 농성에 나선다. "1억 원이 넘는 돈을 들인 가게를 1000만 원 보상금 받고 나가라는데, 그 돈으로 가게 하나 차릴 수도, 이제 와 새로운 직장을 구할 수도 없어." 카페 마리 이야기다. 용역 깡패가 들이닥쳤다. 상인과 연대 나선 학생, 시민들이 맞서 버텼다. 언제 어떻게 극한 대치가 벌어질지 모를 상황이었는데, 거기 기타 소리가 울렸다. 노래가 흘렀다. 몸짓이 따라 더 흥겨웠다. 트위터 보고 찾아온 학생들이 분위기 메이커였다. 마냥 어둡고 매 순간 슬프지만은 않은 건 일종의 농성장 전통이다. 지난 여러 철거 현장에서 그랬고, 그 많던 노동자들의 파업과 농성 현장이 그랬다. 그 분위기 익히느라 퍼질러 앉아 노래 몇 곡을 날로 들었다. 카메라 앞 긴장이 살짝 풀렸던지 청년들 팔 휘저어가며 제대로 놀았다. 죽음도 불사한 싸움 현장에도 노래와 춤이 있다. 거기도 사람 사는 데니 그럴 거라고 생각했다. **아마도 여긴 마리야. 16**

서울 구로동 506-4번지 골목길 한구석 작은 정비소는 더 웠다. 찾아든 바람은 나갈 길 찾지 못해 잠시 맴돌다 지쳤다. 땀을 훔친다. 장갑에 묻은 검은 기름때가 얼굴에 남았다. '기름밥' 먹기가 된더위에 쉽지 않았다. 1년 전 평택이 그랬다고. 그렇게 기다리던 비는 공장 나가던 밤에 쏟아졌다. 땀에 섞여 엉긴 최루액 다 씻어내 더없이 시원하던 그 비 맞으며 울컥 뜨거운 게 올라와 몰래 울었다고. 소식 듣고 멀리서 부러 찾은 손님은 "그때 평택보단 낫지 않느냐?"라며 농반진반. "낫다마다요." 정비소엔 마실 물도 많았고 화장실 한쪽엔 샤워기가 튼실했다. 털털거리는 냉장고에 다 녹아 흐물거리던 쭈쭈바 그래도 알싸하니 차가웠다. 그럭저럭. 해고자들이 모여 차린 정비소는 적자를 면했다. "낫고말고요."

장사 수완 여태 부족하다니 그건 오로지 땀 값이었다. 줄줄 흘러도 그게 좋다고, 잊으려고 땀 흘린다고 했다. 기어코 악몽을 되살린 건 드문드문 찾아든 기자들이었다. 2010년 8월 며칠 뒤면 쌍용자동차 점거 농성 '대타협' 1주년, 공약은 기약 없

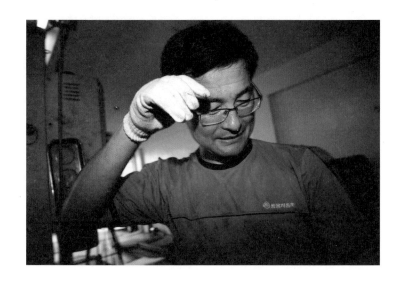

는데 벌금 고지서만 득달같이 날아들었다. 김영훈 씨는 자신의 우울증을 갱년기 탓으로 돌렸다. 집에 생활비 못 줘 미안하다 말했다. 이 나라가 지긋지긋했다며 1년 전 그날을 곱씹었다. 그래도 대~한민국!, 월드컵 응원을 열심히 했단다. 그 기분 참 더러웠다며 후회했다. 추임새 슬쩍 거들던 동료 이현준 씨가 문짝 고치다 잠시 땀을 훔친다. 문이 잠기지 않는다며 찾았던 현대차 고객은 부품이 없어 돌려보냈다. 이씨 표정이 어두웠다. 부품 수급이 중요하다며 장사 요령을 탓했다. 올 들어 가장 덥다는 날, 쌍용자동차 정비사업소 해고자들이 꾸린 구로동 한성카센터 정비창에 땀방울 뚝뚝, 여름이 한창이다.

쌍용차 해고자 이현준 씨가 장갑 낀 손으로 이마의 땀을 닦고 있다. 왼손엔 공구를 들었다. 눈은 고치다 만 자동차 문 경첩을 보고 있다. 발은 기름 흘러 까매진 정비소 바닥에 있다. 여름, 그것도 가장 덥다는 날이었으니 땀 많은 곳을 찾아봤다. 쌍용차 해고자들이 생계 꾸리려 차린 정비소가 떠올랐다. 없으면 발길 돌릴 요량으로 무작정 찾아갔다. 과연 좁은 정비소는 더웠다. 밥벌이 일터였으니 오래 붙들고 묻고, 찍기도 미안했다. 아픈 기억을 헤집는 것도 그랬다. 대타협 1주년 즈음이었으니 어디 나뿐이었겠나. 땀을 찍으려니 플래시 불빛이 필요했다. 일하는 사람 앞에 두고 번쩍번쩍 불 밝히려니 그것도 좀 민망한 일이었다. 뻔뻔함을 여태 익히지 못해 매번 힘들다. 땀을 찍는 건 카메라 든 사람도 땀 흘릴 일이다. 더운 데서 같이 땀 흘리니 묘한 연대감 따위가 생기기도 했다. 물 좀 마시라고, 쉬엄쉬엄 하시라고 주거니 받거니 하면서 자연스러워졌다. 그놈의 직업병 탓에 저 가슴팍의 쌍용자동차 마크를 화면에 담으려다 보니 많이도 찍어댔다. 이씨는 지금 복직했다. 날 더우니 땀 흘리고 있을 테다. **땀방울 뚝뚝, 그해 여름처럼. 24**

열리지 않는 문 앞에서 용산 참사 유족이 눈 감고 가만 섰다. 애써 벌린 자동문 좁은 틈에 손가락 구겨 넣고 아무 말 없었다. 문 너머 그곳 어딘가에서 2013년 10월 신임 사장의 취임식이 순조로웠다. 밤새워 지켜 그 문은 분명 열린 적 없었다니 김 사장은 뒷문·쪽문·옆문·개구멍, 그도 아니라면 비밀스러운 땅굴을 통했나. 그곳 한국공항공사 건물엔 적어도 두 개의 문이 있었다. 정문 아닌 것은 분명했다. 개구멍이라고 유족들은 말했다. 충성스런 개를 위한 뒷문 말이다. 추정이다. 그리하여 두 개의 '문門'이 여전히 남는다. 김사장은 어디로 들어갔나. 용산 참사의 진상은 무엇인가. 풀리지 않는 질문 앞에서 이충연 용산참사진상규명위원회 위원장 한숨이 짙었다. 정문 돌파는 끝내 힘겨웠다. 노동조합 천막 사라진 뒤라 더욱 그랬다.

이충연 씨 손은 유리문 좁은 틈에 있다. 문은 잠겨 있다. 눈을 감았다. 사장 취임식이 열리고 있던 한국공항공사 정문 앞이다. 2009년 용산 4구역 도시환경정비 사업은 용역 깡패를 앞

세워 빠른 속도로 진행됐다. 현실적인 이주 대책을 요구하며 버티던 사람들이 끝내 남일당 건물 옥상 망루에 올랐다. 이른 새벽 경찰의 진압이 시작됐고 불이 타올랐다. 철거민 5명과 경찰 1명이 불길에 목숨을 잃었다. 용산 참사였다. 살아남은 철거민들은 감옥에 갔다. 진압을 승인하고 명령한 경찰 가운데 책임진 사람은 없었다. 김석기 당시 서울지방경찰청장은 일본 오사카 총영사를 거쳐 한국공항공사 사장으로 복귀했다. 2016년에는 국회의원 배지를 달았다. 잘나갔다. 정권에 충성한 대가였다고 산 사람들이 말했다. 참사를 겪은 사람들이 그 영전 길 마디마다 따라붙으며 시위를 했는데, 신작로 작은 돌멩이에 그쳤다.

밤을 새워 정문 앞을 지켰는데, 뒷문이 열렸을 테다. 자물쇠로 굳게 잠긴 문틈을 비집고 손 하나 넣고 울부짖는 수밖에는 달리 수가 많지도 않았을 것이다. 공항공사 마크에 이충연 씨 얼굴이 비쳤다. 거울, 혹은 반영이다. 버릇처럼 정보 전달 욕심이 일어 따라붙어 찍었다. 소리쳐 항의하는 장면도 있었는데, 눈 감은 모습에 더 끌렸다. 내 모습을 미처 빼지 못해 구석에 남았다. 사진은 눈앞의 현실을 비추는 거울 노릇을 한다. 한숨짓고 울부짖는 사람들이 유독 사진에 많이 비쳤으니 나는 도대체 어떤 세상을 살고 있나 하는 생각이 들 때가 있다. 눈을 감아본다.

두 개의 문. 23

높다란 빌딩 주변 잘 관리된 잔디밭 곳곳에 솟은 스피커에서 옛 노래가 흘러나왔다. 새마을운동 시절 노래 같다고 누군가 평했다. 가만 귀 기울여 듣던 사람들, 그 노래 1절 끝 무렵 "우리 도로공사" 하는 부분에서 화들짝 놀라고 만다. 입에서 험한 말이 왈칵 쏟아졌다. 욕 비슷한 것이었다. 이들은 곧 고쳐 말했다. "사가(회사 노래)네. 우리 노래네. 직원이니까 알고 있으라고 틀어준 거네." 활기찬 농담엔 매번 뼈가 들었다. 농성이 이미 길었다. 말이 자주 격했다. 이 싸움 하면서 욕을 배웠다고 했다. 발목 감싼 녹색의 석고 붕대엔 '조사뿐다' 같은 욕을 새겼다. '직고(직접고용) 출근'이라고 그 아래 적었다. 각도를 보아하니 깁스 주인의 낙서는 아니었지만 그 마음 다를 리 없었다. 주워 온 종이상자에도, 붕대 위에도 낙서처럼 요구와 바람을 빼곡히 적었다. 언젠가 이강래 사장의 집 앞에서 시위하다 넘어져 다쳤다. 10주 진단을 받았다. 그 다리를 해갖고 어딜 가냐고, 민폐라고 다 큰 아들이 말렸다. 2019년 9월 어느 날 말없이 가방 꾸려 기차를 탔다. 아비규환 점거 농성장 밖 회전문 앞을 지켰다. 그

안쪽 농성하는 동료를 걱정했다. 뭐라도 해야지 싶었다. '노동조합' '투쟁' 이런 거 잘 몰랐단다. 그저 열심히 살 줄만을 알았다. 말없이 선전물 붙이는 조합원은 도대체 쉴 줄을 몰라 끊임없이 뭔가를 했다. 몸에 밴 일이었다. "이거라도 할 수 있으니 다행"이라고 말했다. 혼자였으면 엄두를 못 낼 일이었다. 똘똘 뭉치니까 즐겁다고 웃었다. 그 다리를 해서 절뚝절뚝 자꾸 어디를 다닌다. 많이 배우진 못해 꼼수 그런 건 잘 모른다고 했다. 공부 많이 해서 저 높은 자리 올라 꼼수와 거짓말을 일삼는다면 그게 잘사는 거냐고 아들에게 말했다. 신발 끈을 조인다.

농성하던 톨게이트 요금 수납 노동자가 은박 돗자리 위에 앉아 깁스 덧신을 채우고 있다. 녹색 깁스 위에 '투쟁' '직고 출근'이라고 문구를 적어뒀다. 경북 김천 도로공사 본사 현관 앞이다. 김천구미역에 내리면 한국도로공사가 차로 5분 거리다. 가는 길이 반듯하고 건물이 곳곳에 우뚝 높았다. 혁신도시다. 지역 균형 발전을 위해 조성됐다. 한국도로공사와 한국전력기술 등 12개 공기업이 이전해 자리 잡았다. 비어 있는 상가가 많았다. '분양중' 현수막이 어느새 빛바랬다. 2018년 12월 기준 김천 혁신도시 이전 기관 직원들의 가족 동반 이주율은 55.1퍼센트로 전국 10개 혁신도시 가운데 9번째에 그쳤다. 젊은 부부들이나 올까, 애들 큰 집은 학교 때문에라도 못 내려온다고 택시 기사가 상황을 전했다.

톨게이트 요금 수납 노동자들이 짐 싸들고 찾아와 거기

살았다. 한국도로공사는 기자들의 건물 안쪽 출입을 막았다. 빈틈 노려 안쪽 상황을 겨우 찍었다. 밖에서 농성하는 이의 이야기를 듣기로 했다. 선전물 만들던 사람들 틈에 슬쩍 끼어들어 안부를 묻는다. 예상보다 훨씬 활기찬 답이 돌아왔다. 끊이지 않는 이야기보따리 서너 덩이를 풀고서야 사진기를 들었다. 거리낌이 그만큼 줄었다. 사진이든 글이든 그 시작은 상대방의 말을 귀 기울여 듣는 것이라는 생각을 되새겼다. 많이 배우지는 못했다는 그의 말을 들으면서 많이 배우게 된다. 역시나 가방끈 짧지만 배울 것 참 많은 엄마 생각을 했다. 그냥 쉬는 법을 몰라 내내 부지런히 움직이는 모습도 닮았다. 그저 여태 열심히 일만 하면서 살았다던 조합원의 말을 이해할 것 같았다. 자식도 다 키워내고 이제는 자기 자신을 찾는 싸움에 나선 것이라고 생각했다. 오랜 농성과 온갖 싸움을 웃으며 이어가는 원동력일 테다. 신발 끈 꽉 매고 인생 2막 혹은 3막 출발선에 선 것이라고 나는 봤다. **신발 끈 질끈. 39**

인터넷이 느리다는 이유로 고객에게 피살된 인터넷 설치 노동자가 있다. 음악 소리가 시끄럽다며 화가 난 주민이 작업줄을 잘라 떨어져 죽은 고공 도색 노동자가 있다. 봉툿값 20원으로 다투다 피살된 편의점 야간 알바 노동자가 있다. 안전 장구가 없었다. 피할 곳이 없었고, 온전히 책임지는 곳이 없었다. 범행은 우발적이나 죽음은 구조적이었다고 사람들은 말했다. 2017년 6월 익숙한 추모에 나섰다. 광장 앞 계단에 선 알바 청년이 회견문을 살피느라 손팻말을 입에 물었다. 거기 최저임금 1만 원과 비정규직 철폐, 노동조합 할 권리 보장을 요구하는 사연이 빼곡했다. 청년은 마이크 잡고 어느 무참한 죽음의 사연을 보탰다. 무심한 원청의 태도를 규탄했다. 이게 어디 미룰 일이냐고 알바가 물었다. 사회적 총파업을 선동했다. 땡볕 아래 그을린 사람들이 '지금 당장'이라고 여기저기 새겨 들고 바빴다.

기자회견 나선 알바 노동자가 손에 회견문을 들고 넘겨보고 있다. 입에는 손팻말을 물었다. 눈은 아래를 향했다. 세종문

화회관 계단 앞이다. 기자회견 주최자는 참석자와 발언자가, 또 기자가 오기를 기다린다. 기자들은 회견이 어서 빨리 시작하기를 기다린다. 이런저런 일정이 빼곡한 날에 사진기자들은 기자회견 앞부분에 그럴듯한 그림을 만들어줄 것을 주최자에 부탁하기도 한다. 치고 빠지기다. 인접한 곳 다른 일정으로 급히 움직인다. 기다림이 좋은 사진의 요건 중 하나라고 하던데, 오랜 시간을 들여 지켜볼 여유가 사진기자에겐 부족하다. 좋은 사진 욕심이 왜 없겠는가, 공들여 찍을 것과 마음 비우고 착착 찍어 빠르게 마감할 장면을 나누게 된다. 밥벌이 현실이다. 현장에 가장 먼저 도착해 제일 늦게까지 살피겠다고 종종 다짐하는데, 쉽지가 않다.

뻔해 보이는 기자회견 자리라도 온갖 그림과 이야기가 있게 마련이다. 시작하기 전과 끝나고 난 뒤는 참가자들의 긴장도 좀 풀린 상태라 자연스러운 모습을 볼 수도 있다. 다른 카메라가 돌기 전이라 가까이 다가가기도 수월하다. 만들어진 뻔한 그림도 피할 수 있다. 설렁설렁 다니며 좀 다른 그림과 이야깃거리를 찾는다. 지면에는 쓰지 못하더라도 그 한 장, 이야기를 품었다면, 언젠가 꺼내 쓸 생각으로 수집해뒀다. 수없이 많은 기자회견에서 매번 뭔가 다른 그림을 찾기는 쉽지 않은 일이다. 그렇다고 붕어빵 찍듯 계속 찍을 수는 없었으니 이런저런 헛발질을 계속한다. 너는 조금씩이라도 나아가고 있느냐고, 스스로에게 물을 일이다. **알바가 물었다. 20**

추적추적 비 오는데 장지가 멀다. 100리 걸어 부르튼 발가락에 빗물 들어 퉁퉁 살갗이 불었다. 까만 얼굴엔 줄줄 구정물이 흘렀다. 양재 가는 길, 꽃길 100리라 이름 붙인 고행길 한 매듭을 짓던 날, 비가 쏟아졌다. 산발한 상여꾼들이 찢어진 상복 안쪽을 뒤적여 젖은 담배를 물었다. 타들어갔다. 딱 비에 젖은 상복 두께만큼 가까이서 사람들이 부대꼈다. 욕과 비명이 좁은 틈을 비집고 들었다. 울음 가까운 표정과 비릿한 웃음이 거기 섞였다. 그 틈에 분향소 꾸릴 자리가 없었다. 흔들리는 상여는 잔뜩 기울다가 구겨졌다. 우지끈 와지끈, 영정 부서지는 소리가 여기저기서 요란했다. 빗물에 미끄러지는 사람들이 비닐이불을 덮었다. 밤 깊도록 그 앞 강남대로에 차 달리는 소리가 요란했다. 새 아침 경찰과 구청 직원이 영정과 향로, 초 따위를 거둬 갔다. 표지석 앞에서는 선진 노사 문화를 촉구하는 집회가 이어졌다. 불법 적치물 이고 지고 터벅터벅 100리를 걸었는데 장지가 또 멀다. 장지 가는 길, 어디로 갈거나.

　　우비 입은 사람들이 만장을 들고 있다. 그 틈으로 꽃상여와 고 한광호 씨의 영정이 보인다. 유성기업 노동자들이다. 양재동 현대자동차 본사로 가는 중이다. 밤에는 잠 좀 자자며 심야 노동 중단을 요구하면서 2011년 시작된 싸움이 길고 길었다. 단체협약 이행을 요구하며 노동조합이 벌인 파업에 회사는 직장폐쇄로 답했다. 노동조합 파괴 시나리오를 가동했다. 조합원을 상대로 한 고소·고발과 징계가 잇따랐다. 회사의 노동조합 탄압으로 우울증에 시달리던 노동자가 극단적인 선택을 했다. 한광호 씨는 2016년 3월 "미안하다. 사랑한다. 집에 못 갈것 같다"라는 유서를 가족에 남기고 스스로 목숨을 끊었다. 남은 동료들이 그의 영정을 들고 현대자동차 본사로 행진했다. 노동조합 탄압의 배후에 현대자동차가 있다며 책임자 처벌을 요구했다. 유성기업은 현대차의 부품 업체였다.

2019년 8월 법원은 유성기업 노동조합 파괴에 관여한 혐의로 기소된 현대자동차 임직원에 징역형을 선고했다. 원청 대기업 임직원이 하청 노동조합 활동에 관여·개입해 징역형을 선고받은 것은 처음이다. 유시영 유성기업 회장 역시 2019년 9월 노동조합 파괴를 목적으로 노무법인 창조컨설팅에 회삿돈 13억 원을 지급한 혐의로 징역형을 선고받고 구속됐다. 부당노동행위는 얼마간의 죗값을 치렀다. 다만 그 죄를 묻는 과정이 험난했다. 몸싸움이 자주 격했다. 노숙 농성과 오체투지 행진이 언제 어디서였는지를 따져봐야만 했다. 헌법과 노동법에 새긴 권리를 찾는 일은 죽지 않고, 다치지 않고, 소송 압박과 생활고를 견디는 일이 되곤 했다. 노동조합 사무실 한쪽엔 영정과 향로와 촛대며 만장이 뒹군다. 재판 관련 서류가 높이 쌓인다. 저기 꽃상여와 만장과 영정은 목적지 앞에서 구겨지고 부러져 빗길에 뒹굴었다. 불법 폭력 집회 비난이 따랐다. 장지 가는 길이 멀었다. 장례는 353일 만에 치러졌다. **장지 가는 길. 34**

청년들은 옛 일본대사관 터 맞은편 길바닥에 앉아 식은 백설기를 뜯고 미지근한 차 한 잔을 나눈다. 어둑어둑 심상찮던 하늘에서 눈발 날아와, 덮고 앉은 솜이불 위에 소복이 쌓이는데, 툭 한 번 털고 만다. 자리를 오래 지킨다. 옆자리 가만 선 가수가 고무장갑처럼 붉은 손을 해서 통기타 줄을 부지런히 잡고 뜯는다. 순서 기다리는 또 다른 가수가 아에이오우 언 입을 푼다. 양복 반듯한 어느 지방정부의 장이 조용히 그곳을 찾아 휴대폰 조작 가능한 털장갑을 전한다. 이불 구석 자리에 들어 대화를 청한다. 카메라 들고 서성대던 기자가 잠시 바쁘다. 경찰 무전기가 띠릭 띡 자주 운다. 엄마와 함께 셀카 남기던 사내아이는 버릇처럼 손가락 '브이'를 만들었다간 슬쩍 내린다. 소녀상 앞에 한참을 멀뚱히 섰다. 엄마는 아이 모자에 쌓인 눈을 툭툭 턴다. 제 목도리 풀어 소녀상에 쌓인 눈을 턴다. 누군가 거기 달아 둔 노란색 세월호 리본과 '단원고 교실을 지키자'고 쓰인 버튼이 흔들린다. 밥차 끌고 온 사람들이 한구석에 밥상을 차린다. 김이 모락모락 오른다. 쌀밥 위로 눈이 내린다. 학생들은 옷는 얼굴로 노숙을 기약한다. 기억해야 할 일도, 지켜야 할 것도 줄줄이 많아 설상가상, 이 겨울 사람들 일상이 이미 고달프다.

청년들이 소녀상 옆 바닥에 앉아 이불을 덮고 있다. 눈이 내렸다. 손에는 백설기와 차 담긴 종이컵을 들었다. 노래하는 사람은 기타 줄을 만진다. 2016년 1월 옛 일본대사관 앞이다. 박근혜 정부는 2015년 12월 28일 일본군 '위안부' 문제에 대한 '최종적·불가역적' 해결 내용을 담은 한일 합의를 발표했다. 일본의 명확한 법적 책임을 이끌어내지 못하고, 소녀상 철거의 빌미만 제공했다는 비판이 나왔다. 사람들은 졸속적, 굴욕적 협상이라며 반발했다. 파기를 촉구하는 항의 행동이 이어졌다. 옛 일본대사관 앞 소녀상 옆자리가 북적거렸다.

노동 문제 전문지에 적을 뒀지만 마음 가는 문제가 종종

있다. 눈으로 살피며 이런저런 장면을 메모하고 있는데 눈이 내렸다. 소녀상 지키겠다고 길에 나선 소녀들은 대수롭지 않다는 듯 자리를 지켰다. 누군가 가져온 백설기를 뜯었다. 까르르 웃음 소리가 자주 터졌다. 감추려야 감출 수 없는 에너지였다. 눈사람을 사진에 담느라 나도 눈사람이 됐다. 지나던 사람들이 소녀상에 쌓인 눈을 털어냈다. 소녀상을 크게 담을지, 지킴이 나선 청년을 크게 찍을지를 고민했다. 눈사람의 밝은 표정을 선택했다. 현장을 다니다 보면 즐겁게 농성하는 사람들을 종종 만나는데, 처음엔 당황스럽다가도 금방 이해가 되곤 했다. 즐거움이 큰 힘이라는 걸 알 것 같다. 그들은 저렇게 웃음 지으며 침낭 속으로 들어갔고, 노숙했다. 문재인 정부는 12·28 위안부 합의를 재협상하겠다고 공약했지만, 사실상 파기했다. 양국 간 공식 합의였다는 사실 때문이었다. 다만 피해자들의 의사에 반해 박근혜 정부가 설립한 화해치유재단을 2018년 해산했다. 일본의 경제 보복 조치에서 비롯된 경제 전쟁이 한창인 지금, 저 소녀상 앞이 다시 북적거린다. 청산되지 않은 역사는 반복된다는 교훈을 곱씹게 된다. **설상가상. 32**

2016년 2월 명절 앞둔 도심 네거리엔 차도 사람도 많아 분주했다. 어디를 가나 꽉 막혀 체증은 풀릴 줄 몰랐다. 마음 급한 누군가 무리한 끼어들기에 나섰다. 창문 내린 운전자가 홧김에 욕을 뱉었다. 빵빵 경적 소리에 일대가 소란스러웠다. 거기 곳곳 때 이른 봄노래가 울려 섞였다. 입춘인 줄 어찌 알고 날이 좀 풀렸고 햇볕이 구석구석에 미쳤다. 동화면세점 앞 금속노조 하이디스지회의 오래된 비닐집에도 온기가 돌았다. 의료 연대 나선 한의사가 상담지를 적고 진맥을 하더니 머리와 무릎 여기저기에 침을 꽂았다. 체증을 호소하는 농성자에게 화병 진단을 내렸다. 머리 곳곳을 지압하는데, 미처 머리를 감지 못했다고 환자가 수줍게 고백했다. 언제는 감았다고, 다 같이 웃고 말았다. 잠 못 이룬다는 농성자가 어느 새벽 문득 아파트 18층에서 뛰어내리면 어찌 될까를 고민하다 결국 밤을 새웠다고 말했고, 의사는 눈 맞추며 얘기를 들었다. 충동 고백을 칭찬했다. 자신은 멀쩡하다던 농성자는 허리 디스크 의심 환자였다. 벌침 처방이 나왔다. 좀 아프다는 얘기에 긴장감이 흘렀다. 침놓기 전에

말해달라고 엄살을 떨었다. 요통에 좋다는 맥킨지 운동을 꾸준히 할 것을 의사는 당부했다. 노숙 농성 254일째, 마음병은 몸 여기저기로 번졌다. 거기 누구나가 화병을 지병 삼았다. 꽉 막힌 체증이 풀릴 줄을 몰랐다. 골병 깊어가는데 농성장 사람들이 자주 웃는다.

　　세종대로 사거리 농성 천막 안에서 연대 활동 나온 한의사가 해고 노동자의 머리를 지압하고 있다. 동료들이 지켜보고 있다. 종종 휴대폰 들고 동료의 찡그린 표정을 사진으로 남기기도 했다. 명절 즈음이면 어딘가 농성 천막을 찾아가곤 했다. 명절 계획은 어떻게 되냐고 뻔한 말을 물었다. 조심스러웠다. 그들도 찾아갈 곳이 있는 사람들이다. 일부는 천막 지키느라 남는다고 했다. 일상이 무너지는 일은 몸과 마음의 병으로 드러나곤 했다. 의사들은 시내 곳곳 천막과 고공 농성장을 찾아 그들에게 작은 힘을 보탠다. 나는 그저 사진기 들고 기록할 따름이다. 종종 무력한 느낌이 들곤 했다. 이 얘기를 사진과 글로 전하는 게 의미가 있는 일인지를 스스로 묻게 되는 일이 잦아졌다. 답답한 일이었다. 종종 알 수 없는 감정이 울컥 치밀어 올라 당황하기도 한다. 실은 나도 화병을 지병 삼았다. 정리해고로 길에 나와 오래 싸우는 사람들에 비할 바는 아니었다. 그저 공감의 폭이 좀 넓었을 뿐이다.

천막에 사는 사람들 앞에 카메라 들이대는 건 좀 민망한 일이었다. 싸움 나선 사람이라도 흐트러진 머리와 옷매무새가 신경 쓰이는 법이다. 구석으로 숨거나 얼굴 돌리는 사람이 꼭 있다. 빼고 찍거나 동의를 구한다. 실없는 농담을 건네는 법을 배워야 했다. 눈 맞춰 질문하고 얘기를 듣는 기술도 익혀야했다. 무엇보다도 거기 죽치고 앉아 시간을 보내는 일을 해야 했다. 농성이 길었으니 이미 낯설지는 않은 관계였다. 그래도 천막 안쪽의 공기는 좀 달랐다. 웃을 일이 있어서 다행이었다. 길거리 오래된 비닐집이건, 여기저기 높은 신축 아파트건 거기 다 사람 사는 데구나 싶었다. 지쳐 떨어지기 전에 일상을 찾았으면 좋겠다는 응원의 마음을 속으로만 읊었다. 해고가 무효임을 확인해 달라는 법정 싸움은 길고도 길었다. 비닐집을 짓고, 삼보일배를 하고, 저녁이면 문화제를 열고, 국회와 청와대와 또 어디 빌딩 앞을 찾아가 목소리 높이면서 버티는 게 잘린 사람들의 일이었다. 2017년 6월, 법원은 하이디스 정리해고가 무효라는 판결을 선고했다. 다툼이 이어졌다. 하이디스 해고 노동자들의 복직 요구를 회사가 끝내 거부하면서 재판부는 조정 권고문을 내놓았다. 보상안이 나왔다. 복직은 이뤄지지 않았다. 천 일이 넘는 싸움이 마무리됐다. **화병. 19**

남편은 잘렸다. 바람 많이 불던 날 낯선 거리에서, 아내는 남편의 머리카락을 잘랐다. 뭉텅 잘린 머리카락을 손에 쥐고 놓지 않았다. 자주 울었다. 까칠까칠한 머리에 얼굴 묻고 꺽꺽거렸다. 울음 눌렀다. 노동조합 깃발 목에 두르고 앉아 아무 말 없던 남편 눈이 따라 붉었다. 눈물인지 콧물인지 코끝에 매달려 바람 따라 흔들렸다. 툭툭 떨어져 시멘트 바닥을 뒹굴던 머리카락 뭉치엔 아직 검은 것이 많았다. 해고는 청천벽력 같았다. 석회석 광산을 파고들던 남편이 서울 본사 앞을 찾아 회사의 불법을 규탄했다. 해고 철회를 요구했다. 가족대책위원회 꾸리고 나선 아내가 머리띠 묶고 옆자리 함께 섰다. 같이 울었다.

동양시멘트 사내하청업체 동일(주)의 해고 노동자들이 2015년 3월 서울 수표동 동양그룹 본사 앞에서 해고 철회와 위장도급 인정 등을 촉구하는 집회를 하면서 집단 삭발을 했다. 이춘복 노동조합 쟁의차장의 아내가 남편의 머리를 깎던 중 울고 있다. 머리칼 뭉치를 손에 쥐고 있다. 석회석 광산은 강원도

에 많다. 시멘트 공장이 거기 섰다. 하청 노동자들은 정규직과 같은 일을 했지만 임금은 반 토막이 안 됐다. 차별이 깊었다. 노동조합을 만들고 불법파견 진정을 넣었다. 인정됐다. 계약 해지가 뒤따랐다. 잘렸다. 본사는 서울에 있다. 먼 길 찾아와 머리를 깎았다. 시멘트 바닥에 머리칼이 날렸다. 긴 싸움의 시작이었다. 머리 깎던 아내가 서럽게 울었다. 겨우 참고 이발기를 돌리다간 또 왈칵 터져버렸다. 카메라는 곧 아내 얼굴을 따라갔다. 집중해서 따라갔다. 남들이 서러워 울 때가 사진기 든 사람이 바빠질 때다. 미안함도 잊고 플래시를 연신 터뜨렸다. 모자 속 그늘 짙은 얼굴이 그 바람에 선명했으니, 나는 미안함을 감수한다. 다 깎은 머리보다 군데군데 쥐 파먹은 장면을 찾아 움직였으니, 나는 카메라 뒤에서 뻔뻔했다.

언젠가 강원도 석회석 광산 그들의 일터를 찾아간 적이 있다. 엄청난 규모의 광산에서 울리던 굉음과 처음 보는 거대한 트럭과 끝없이 이어지는 컨베이어벨트가 기억에 생생하다. 광산 입구 초라했던 농성 천막도 생생하다. 그러나 거긴 서울이 아니었고, 기자는 좀처럼 찾지 않는 외진 곳이었다. 이들은 서울 본사를 찾아 농성했다. 동양시멘트는 삼표시멘트로 바뀌었고, 자리를 옮겨 노숙했다. 강원지방노동위원회, 중앙노동위원회로부터 정규직 지위가 인정됐고, 2016년 서울중앙지방법원에 낸 근로자지위 확인소송 1심에서도 불법파견에 따른 정규직 지위가 인정됐다. 묵묵부답이 길었다. 끝내 교섭이 이뤄졌고, 노사는 해고자의 정규직 전환에 합의했다. 불법파견 기간을 소급해 정규직 직급, 호봉, 근속 연수 등을 회사로부터 모두 인정받고 정규직으로 돌아가는 첫 사례를 남겼다. 930여 일 만의 일이다. 흔치 않은 일이었다. 또 한편 흔한 일이었다. 법대로, 또 상식을 따라 제 권리를 찾는 일이란 자주 끔찍한 시간을 견디는 일이었다. **머리칼 한 줌. 24**

처서도 지났는데, 처지가 별다를 바 없어 용역 노동자는 늦더위 속 길에 앉았다. 얼마 남지 않은 머리칼 사이로 해 들어 빛났다. 거기 송골송골 땀이 맺히고 뭉쳐 이마로 흘렀다. 주름 두어 줄에 들어 고였다. 물방울 맺힌 생수통 들어 까맣게 탄 팔과 목과 머리 여기저기에 갖다 댔다. 가을 문턱, 좀처럼 가시지 않는 한낮 더위와 햇볕과 싸운다. 간접고용 불안과 싸운다. '공공 부문 비정규직 제로 시대' 지켜지지 않는 약속과 여전한 차별과 자회사 꼼수와 싸운다. 위험은, 또 차별은 외주화 사슬을 타고 아래로 아래로 흘렀다고 고 김용균 죽음의 진상을 조사한 이가 2019년 8월 발표했다. 임금 착취가 그 사슬 틈에 끼어들었다. 그 사이 책임은 흐릿해졌다. 돈 때문이었다고, 자료는 말했다. 진상은 낯설지 않았다. 어디 건설 현장에서 청년은 오늘 또 아래로 아래로 떨어져 죽는다. 저기 계단 아래 냉방 장치도 없는 구석진 휴게실에서 노동자는 쓰러진다. 달라진 게 없다고, 길에 나선 노동자가 외치느라 목이 쉰다. 하늘이 부쩍 높다. 어느덧 수확의 철인데 거둘 것이 아직 여물지 않아 여기저기 근심

깊다. 기다리다 지쳐간다. 갈증이 깊다. 송골송골 맺힌 땀이 아래로 아래로 흘러 밑바닥을 적신다.

　　국립대 병원에서 일하는 용역 노동자가 집회 자리에서 물을 마시고 있다. 햇볕이 강했다. 시선은 앞쪽 무대를 향했다. 자주 고개 떨궈 땅으로 향했다. 한여름 집회, 사람들 죽 앉은 자리에 큰 구멍이 생기곤 한다. 땡볕을 피해 자리를 찾다보니 그렇다. 사회자가 채워줄 것을 수차례 독려한다. 느릿느릿 사람들은 구멍을 메운다. 의견을 펼치기 위해 얼마간의 고생을 각오하고 나선 터인데, 한낮 볕을 온전히 견디기는 쉽지 않다. 태양과 더위를 피하는 갖은 방법을 동원한다. 모자와 선풍기는 기본. 손수건 목에 두르고 팔 토시로 가리고, 얼음 물통 끼고 여기저기 문

댄다. 흐르는 땀이야 어쩌지 못해 앉은 자리 주변으로 물 자국이 선명하다. 남들 다 피하는 자리가 제자리려니 하고 땡볕 아래 가만 앉은 사람도 있다. 모자도 팔 토시도 없다. 진작에 검게 탄 피부라 무심했던가, 주름진 피부엔 땀이 솟아 반질반질 윤기가 흐른다. 늙은 아빠가 그랬다. 밭일 나가서도, 마당을 고치면서도 모자 챙길 생각을 안 했다. 검게 탄 피부엔 검버섯이 진했다. 엄마 잔소리에도 꿈쩍을 안 했다. 사람 참 쉽게 안 변한다고 생각했다.

공공 부문 비정규직 제로 시대, 약속이 희망찼다. 저임금과 차별에 익숙한 사람들이 새로운 꿈을 꾸게 됐는데, 그건 참 오랜만의 경험이었다고 마이크 잡은 비정규 노동자가 말했다. 기대가 컸다. 기다림이 길었다. 자회사 꼼수가 짙었다. 사람들은 파업을 하고, 집회를 열고, 길에 앉아 한낮 볕을 견딘다. 여름이 또 한 번 지나도록 별일이 없다. 가을인데 땡볕 아래 고되기가 여름 못지않다. 사회 참 쉽게 안 변한다고 생각했다. 사람들 몸과 마음에 갈증이 깊었다. 물병 들어 마시기를 기다렸다. **갈증. 23**

배 짓던 이용대 씨가 대학생 벗을 만나 웃는다. 서울 한진 중공업 본사 앞에서다. 한솥밥 인연은 언제고 반가운 법. 영도 조선소 생활관 농성 당시 멀리 서울에서 찾아온 반가운 얼굴이 란다. 밥을 여러 끼 해 먹었다고. 눈물 많던 그 친구가 안 그래도 눈에 밟혔는데, 이렇게 또 만나니 기찻길이며 버스길이 오작교 안 부럽단다. "밥 문나?" 첫말이 짧았다. "마이 문나?" 역시 짧았다. 고마운 벗을 만난 해고자 이용대 씨는 그저 밥 많이 먹었는지가 궁금했다. 85호 크레인 지키겠다며 밧줄 묶어 버틸 때도 그 걱정이 컸다. 고개 들어 한마디 던질라치면 김진숙 지도위원이 늘 먼저 물었다. "밥 문나? 마이 문나?" 2011년 7월 2차 희망버스가 부산을 향할 무렵이다.

이용대 씨가 우산을 들고 있다. 한 손은 앞사람 어깨를 짚었다. 시선은 얼굴을 향했다. 웃고 있다. 작업복 차림이다. 만나면 좋은 친구가 있다. 나이 차가 적지 않은데도 그냥 친구다. 한솥밥 먹던 사이라 더욱 살갑다. 먼 곳에서 만났으니 할 말도 많

왔겠다. 첫말이 '밥 먹었는지', 뒤따른 말은 '많이 먹었는지'다. 길지 않지만 부족함도 없는 대화였다. 이용대 씨는 활짝 웃었다. 옆에 서 있다 한마디 물었더니, 지난 추억 보따리를 술술 풀어냈다. 밥 얘기가 많았다.

오랜만에 시골집을 찾아가면 엄마는 인사도 하는 둥 마는 둥, 부엌에서 바빴다. 먹고 왔다고 해도 막무가내, 된장을 지지고 김치를 썰어낸다. 지난 명절 때 내가 가져다 드린 고기를 꺼내 굽는다. 좋은 거라고 아껴뒀나 보다. 점심밥 먹고 돌아서면 저녁 차릴 시간이었으니 엄마는 계속 부엌에서 바빴다. 엄마 집에 간다는 건 엄마 밥을 먹는 일이었다. 아빠한테 전화하면 할 말이 많지가 않다. 그저 밥은 드셨는지를 묻고 만다. 같은 질문이 돌아온다. 밥 먹었는지를 묻는 일이 세상 중요한 일이었다.

좋은 친구와 만나도, 잘 지내보고 싶은 사람과도 밥 얘기다. 언제 밥 한번 먹자는 그 유명한 인사말이 있지 않은가. 말에 그치는 경우가 많아 종종 놀림감이 되기도 하지만, 사람들은 끊임없이 밥 먹었는지를 묻고, 밥 먹기를 기약한다.

부산에서 서울 먼 길 움직여 본사 앞 집회 하던 노동자가 반가운 벗 만나 밥 얘기를 묻고 또 묻는다. 85호 크레인 아래에서도 그랬다. 카메라 메고 서성대던 나는 얼씨구나 하고 그 틈에 끼어들었다. 뷰파인더 통해 지켜보면서 또 어떤 친근한 행동이 따를지를 기다리게 된다. 손짓을, 얼굴 표정을 유심히 살피고 다음 행동을 예측해보곤 한다. 종종 예측이 들어맞을 때면 짜릿한 기분이 들기도 한다. 말로 풀자니 복잡한데, 실은 버릇에 가깝다. 밥 먹었는지를 묻는 것도 오랜 버릇일 테다. **'밥 문나? 마이 문나?'. 16**

2~3미터

설레는 봄볕,
서러운 봄

1 1.2 1.5 2 3 5 7 10 ∞ m

열 손가락 깨물어 안 아픈 손가락이 없다지만, 유독 아린 손가락도 있기 마련이다. 문규현 신부의 손가락엔 온통 상처다. 잡고 있기도 힘든 작은 리본을 휴대폰에 매어주겠다고 나섰다. 자꾸만 놓쳐 떨어지는 리본을 붙들고 오래도록 씨름한다. 괜찮다고, 직접 하겠다고 말리는데도, 듣는 둥 마는 둥 씩 웃고 만다. 성공, 그게 뭐라고, 다 같이 웃었다. 여전히 길에 선 엄마 아빠는 이제 밥을 굶는다. 늙은 신부가 그 자리 찾아와 무릎 꿇고 손 잡았다. 별말도 없이 웃었다. 상처투성이 아픈 손가락 내밀어 그 주변 차마 떠나지 못해 함께 밥 굶던 사람들 손을 다 잡고 또 웃었다. 새끼손가락 고리 걸고 새긴 약속이 여기저기 현수막에 선명했다. 굳은살 박인 아빠 손가락이 하루 또 말라간다.

문규현 신부가 광화문 세월호 농성장 앞에서 휴대폰에 세월호 추모 리본을 달고 있다. 손목에는 여러 형태의 추모 리본이 보인다. 손은 거무튀튀하다. 밴드가 곳곳에 붙어 있다. 손을 보면 어떤 일 하는 사람인지 짐작해볼 수 있다. 잡아보면 그 느낌이 더욱 구체적이다. 집 짓는 일 오래했던 아빠 손은 늘 거칠었다. 두툼한 군살이 여러 군데 많았다. 손톱 밑에는 까만 때가 깊었다. 상처도 많았다. 그 손은 무거운 것을 들고 뚝딱거리는 거친 일에는 어울렸으나 바늘에 실을 꿰거나 작은 장난감 고치는 일에는 어려움을 겪었다. 내가 직접 하겠다는데도 아빠는 굳이 그 거친 손가락을 움직여 내 손에 박힌 가시를 빼주곤 했다. 금방 잘될 리가 없었으니 속 터지는 일이었다. 괜한 짜증을 부리곤 했다.

2016년 9월 세월호 농성장에서 만난 문규현 신부는 낯설지 않았다. 거기 원래부터 있던 사람처럼 움직였다. 문신부는 농성장 지키던 어느 유가족의 휴대폰에 새로 만든 작은 리본 고리 꿰느라 바빴다. 까맣고 주름지고 거친 그 손으로 잘될 리가 있나. 직접 하겠다고 말리는 사람과 굳이 자기가 해주겠다고 고집 부리는 어른들의 다툼이 흥미로웠다. 그건 일의 효율과 거리가 먼 일이었지만 마음 따뜻해지는 일이 분명했다. 내 시선을 잡아끌었다. 여기저기 상처가 많은 그 손은 그가 하는 일에 대한 유력한 단서일 테다. 평소 불리는 호칭과는 좀 먼 것도 같았지만 낯설지는 않았다. 예상 가능한 일이었지만 구체적으로 떠올리기가 쉽지는 않았다. 그러니 나는 현장에서 그럴 법한 일을 짐작할 따름이다. 나중에 컴퓨터 앞에 앉아 그 구체적인 궤적을 인터넷 검색 통해 따라가곤 한다. 심증에 머문 일을 확인하는 과정이 꼭 필요했다. 추측은 종종 들어맞았고 때때로 억측에 머물기도 했다. 손의 모양새를 파악하고 이해하는 일은 그 사람의

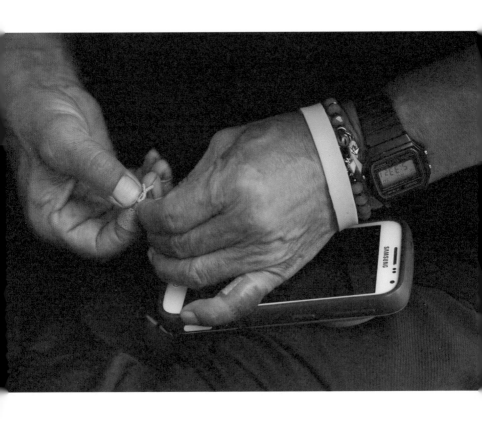

삶을 알아가는 일에 견줄 만하다. 카메라 앵글에 잘 보이지도 않는 작은 세월호 리본을 꿰느라 쩔쩔매던 그 거친 손을 지켜보면서 나는 속이 뜨거워지는 느낌을 받았다. **문규현 신부의 손. 105**

평택 자동차공장 앞에 예쁜 카페가 하나 있는데 이름이 '차차'다. 거기 봄볕 들어 꽃과 나뭇잎에 알록달록 생기가 돌았다. 온기 가득했다. 지난밤 몰아치던 진눈깨비에 젖은 조끼를 말리고 정리하던 남자는 쉴 줄을 몰라 또 형광등을 갈았다. 모든 동작엔 절도가 배어 있는데 그게 다 차 고치던 솜씨라고 했다. 카페에 왔으니 차 한 잔 하라고, 차 만들던 누군가가 차를 권했다. 점심시간, 그 앞 공장에서 차 만들다 나온 작업복 차림 사내들이 들어와 어느 전직 대통령의 구속 여부를 놓고 한참을 떠들었다. 욕을 퍼붓다 말고 공장으로 돌아갔다. 점심시간이 끝나자 그 앞에 줄 서서 기다리던 협력 업체 물류 트럭이 공장으로 들어갔다. '공장으로 돌아가자'고 새긴 알록달록한 천 앞에 앉아 밥 굶던 사람이 눈을 껌벅거리다가 끙 소리 내고 일어나 공장 둘레길 산책에 나섰다. 걸음이 느렸다. 품 넓은 바지에 바람 들이치면 마른 몸이 드러났다. 22일째다. 기운 없을 텐데 그냥 누워 있으라고 카페 찾아온 형수님이 타박하니 운동이라고 받아치며 센 척을 했다. 감옥에 든 누군가 동조 단식을 하겠다더

라 소식 전하니 손사래 치면서 좀 말리란다. 부쩍 목이 탔다. 봄볕에 얼굴이 탔다. '내장을 비우고 분노를 음식 삼아 하루하루를 태우겠다'고 각오 새긴 선전물이 카페에 많았다. 봄볕 아래 노곤한 사람들이 눈 비비며 그 앞을 서성거렸다. 삭막했던 거기 공장 앞 노동조합 사무실에도 볕 들고 꽃 피어 봄이다.

쌍용차 해고자 윤충열 씨가 평택공장 앞 지부 사무실을 겸한 카페에서 손으로 얼굴을 감싸 쥐고 있다. 마른 세수였다. 눈은 사무실 구석구석을 살피고 있었다. 수리할 곳을 찾다가 잠시 쉬는 중이다. 봄볕 따뜻했다. 노곤했을 것이다. 노동조합 사무실은 대개 투박하다. 길고 긴 정리해고 싸움 하던 쌍용차지부 노동조합 사무실이라고 다를 바 없었다. 뚝딱뚝딱 뭘 만들고 고치기는 잘해도 꾸밀 줄을 몰랐다. 그럴 여유가 없었을 테다. 저기 예쁜 그림을 그리고 화분을 들여 그럴듯한 카페로 꾸민 건 싸움에 연대하던 문화 활동가들이다. 해고자들은 봄볕에 쑥쑥 자라는 꽃나무를 보면서 얼마간 위로를 받는다고 말했다. 2018년 3월 당시 지부장의 단식이 길었다. 남은 사람들이 안절부절못하고 서성거렸다. 뭔가 할 일을 찾아 끊임없이 움직였다. 나는 카페 안쪽에서 밖을 살폈다. 봄이었으니 꽃을 걸고 뭔가를 기다렸다. **차차, 봄. 30**

언젠가 기타 만들던 늙은 노동자의 서울 여의도 단식 농
성장 앞에서 한때 고속열차에 올라 일하던 승무원 한숨이 깊었
다. 어디 올라갈 데라도 찾아봐야 하는지를 농담처럼 물었다. 거
기 지척 광고탑엔 화물 노동자 둘이 올라 농성했다. 어느덧 비
바람에 삭아 흐릿한 현수막이 사정을 겨우 알렸다. 그 아래 국
회 앞길엔 빨간색 현수막이 매번 말끔하게 내걸렸다. 거기 새긴
노동 개혁과 국정교과서와 자유무역협정 따위 알림 글은 희망
찬 미래를 약속했다. 거리에 나선 시민들 생각은 달랐다. 한자
리 모여 목소리를 더했고, 행진했다. 그 길에 차벽이 높았고 물
대포가 지독했다. 10만여 폭도의 소요라는 막말 행진만이 막힘
없었다. 테러 집단을 닮았다는 그 군중의 수괴 양손에 쇠고랑을
채우고야 사찰을 에워쌌던 수천의 경찰 병력이 물러갔다. 수백
대의 카메라도 호들갑을 멈췄다. 일대의 교통 체증도 끝났다. 종
합편성 채널 보도 차량이 쇠고랑 찬 노조위원장의 호송 차량을
카메라 들고 추격했다. 일반 교통 방해와 집시법 위반 등이 그
의 죄라고 했다. 조계사 일주문 나서는 길에 눈 붉힌 사람들이

까치발로 서서 저마다 자기가 한상균이라고 외쳤다. '노동 개악 반대'라고 새긴 펼침막을 들었다. 반대는 죄가 됐다. 언젠가 자동차 만들던 해고 노동자는 다시 감옥에 들었다. 얼마 전 물대포에 맞아 의식을 잃은 백남기 농민의 쾌유를 기원하던 집회 참가자가 가면을 쓰고 있다. 이마에, 실은 뒤통수에 '나를 잡아가라'고 적었다.

　어느 집회에서 곁눈질하던 나는 문득 여의도 국회 앞과 세종로 광화문광장 풍경을 떠올린다. 또 노동조합총연맹의 위원장 체포 작전 요란스럽게 펼쳐졌던 조계사 일주문을 생각한다. 오래된 싸움과 낡은 천막과 깊은 한숨과 눈물을 떠올린다. 또 의식 없이 병상에 누운 사람과 그가 쓰러진 날 광장에 쏟아지던 최루액 물대포를, 그 앞 빈틈없던 차벽과 요란스럽게 울리던 경고 방송을 복기한다. 경찰은 '불법 폭력 집회 엄정 대처' 뻔한 말을 재차 읊었고, 복면 착용 금지 방침을 보도자료 통해 알렸다. 보란 듯 가면 쓰고 다시 길에 선 사람들이 '나를 잡아가라'고 적고 외쳤다.

　저기 뒤통수에 붙은 가면이 인상 깊었다. 실제로 얼굴을 가리겠다는 목적보다는 불복종 시위 의지가 컸던 것 같다. 많은 사람들이 가면을 뒤로 쓴 채 집회에 나왔다. 얼핏 보기에 무표정한 얼굴 여럿이 뒤로 걷는 장면이 펼쳐졌다. 경찰 뒤로 돌아가 살폈다. 가면의 시선이 카메라로 향하기를 기다렸다. 까마득한 날의 풍경 같지만 2015년 12월 멀지 않은 과거의 일이다.

촛불 이후 그래도 달라진 게 있을 거라는 기대를 사람들은 품었
다. 사진에 담긴 풍경이 얼마간 달라지기도 했다. 한숨 깊은 사
람들 여전히 길에 많아 실망도 적지 않았다. **나를 잡아가라. 50**

전동 이발기 든 동료는 손이 빨랐다. 망설임 따위 없었고 능숙했다. 구호 새긴 보자기 목에 두른 사람이 무뚝뚝한 표정으로 처분을 기다렸다. 머리칼 날아들었던지 자주 눈을 감았다. 얼마 남지도 않은 머리칼이 흰색 보자기 타고 흘렀다. 빛바랜 머리칼이 뎅겅 잘려 검은 바닥에 뒹굴었다. 민낯을 드러낸 머리가 가을볕에 유난히 반짝거렸다. 앞서 삭발한 이가 뒤따른 동료를 합장하고 맞았다. 비뚤어진 머리띠를 서로 고쳐주면서 싱거운 농담을 주고받았다. 삭발 경험 저마다 한두 번이 아니었으니 농이 길었다. 2014년 10월 집단 삭발이었으니 기자회견도 길었다. 맨바닥 앉아 기다리던 이가 휴대폰을 만지작거렸다. 다 큰 딸 사진이 바탕 화면에 선명했다. 늙은 아빠는 정부·여당의 공무원연금 개혁안에 반대했다. 머리를 깎았고, 길에 나섰다.

삭발한 공무원노조 조합원이 서울 여의도 새누리당사 앞 바닥에 양반다리로 앉아 있다. 손에는 휴대폰을 들었다. 바탕 화면을 보고 있다. 이런저런 삭발 현장엔 우는 사람이 많다. 처

음엔 담담한 표정이다. 이발기가 돌아가고 머리칼 바닥에 툭툭 떨어지기 시작하면 꾹 참았던 눈물이 터진다. 이발기 쥔 사람도 운다. 머리칼이 길고 숱이 많아 전동 이발기가 잘 들지 않는 경우엔 가위가 쓰인다. 잘될 리가 없다. 중간쯤이면 쥐 파먹은 모양새가 나온다. 깎는 사람도 어쩔 줄을 몰라 헤맨다. 늦어진다. 남들 다 깎고 머리띠 질끈 매는데, 혼자 남아 온갖 시선을 견딘다. 빠른 행사 진행을 위해 종종 뒷정리를 나중으로 미루기도 한다. 마이크 잡아 사연 푸는 데에 집에 가서 가족 볼 걱정 얘기가 많다. 엄마들이 주로 그랬다. 자식들이 보면 기겁을 할 거라고. 시어머니 만나 설명할 걱정도 그중에 있었다. 눈물 대신 웃음 가득한 삭발 현장도 있다. 나이 적지 않은 사람들이 삭발하겠다고 앉았는데, 이미 깎은 건지 헷갈린다. 깎을 게 얼마 남지 않았다. 주로 하얗게 물 빠진 것들이었다. 노동조합 활동 오래도록 하고 싸울 일이 많았으니 몇 번째 삭발인지 기억이 흐릿하다.

진작에 삭발 끝낸 사람이 앉아 나머지가 끝나기를 기다린다. 버릇처럼 휴대폰을 들어 살피는데, 바탕 화면엔 딸아이 사진이 있다. 이제는 봐도 놀라지도 않을 거라면서 삭발자는 웃었다. 놀리지나 않으면 다행이라고도 했다. 길에 나서 삭발하고 농성하는 사람도 누군가의 엄마 아빠고 형, 동생, 언니, 친구, 친척일 테다. 그런 관계가 드러나는 장면을 유심히 살피게 된다. 휴대폰 화면은 작고 노출 차이가 커서 그럴듯하게 담아내는 게 쉽지는 않았다. 개인 정보 걱정도 놓칠 수 없다. 찍을 게 뭐 있다고, 그래도 혹시나 싶어 나는 자주 사람들 앉은 자리 좁은 틈을 비집고 다닌다. **깎을 게 뭐 있다고. 105**

촛불로 불면의 밤이 많던 이, 불법은 엄단하겠다며 두 주먹 불끈 쥐니 그 기세가 불패 신화의 주인공답더라. 여기저기 속도전 벌이는데 용산에 세 들어 살던 불만 세력 몇몇이 망루 쌓아 버티니 부동산 불로소득 노린 이들 불평이 망루보다 높더라. 통하니 불문가지라. 석기시대 부싯돌 재빨리 부딪혀 불이 나게 했던 식으로 부리나케 진압에 나서니 정말 불이 솟더라. 섬기겠다 다짐한 국민 축에 들지 못한 그저 사람 여럿이 불에 타 죽고는 개발이 척척, 정말 불로소득을 얻는 이들이 있더라.

검찰은 불이 난 원인을 불붙은 병 때문이라 말했고, 불씨라도 번질까 심려 깊던 청와대 행정관은 연쇄살인범 검거를 활용하라며 경찰을 독려한다. '사과는 불가'란다. '법질서를 위한 불가피한 조처'라며 불법을 되뇐다. 그저 저기 불에 타 죽은 이들만이 불명예스러운 '불법 시위꾼'으로 낙인찍힌 채 이승을 떠돌더라. 남대문만, 화왕산만, 용산 망루만이 아니고 저기 영정 들고 한 달이 넘도록 찬 거리 떠도는 사람들 가슴도 새카맣게 타고 있더라. 불과 1년, '불'만 많다더라.

용산 참사의 유가족들이 한 손에 영정을, 또 한 손엔 촛불을 들었다. 구호를 외치고 있다. 2009년 2월 명동성당 들머리다. 이른 새벽 전화를 받았다. 부리나케 현장으로 달렸지만 늦고 말았다. 매캐한 불 냄새만 진동했다. 검게 그을린 건물을 멍하니 바라볼 수밖에 없었다. 철거민 5명과 경찰 1명이 사망하고 24명이 부상당한 참사의 현장이었다. 점거 농성 진압 작전은 주로 새벽에 이뤄지곤 했다. 농성자의 집중력도 떨어지고, 따라붙는 카메라를 피하기에 좋은 시간이기도 하다. 언젠가 평택 미군 기지 확장을 반대하며 대추분교에서 농성하던 주민들을 진압했던 작전 이름도 '여명의 황새울'이었다. 밤을 새워가며 기다린 사람만이 그 장면을 사진에 기록한다. 그 시간에 거기 있어야 한다는 건 사진기 든 사람의 숙명이다. 나는 자주 게을렀다. 마음에 빚만 잔뜩 지고 산다. 지금 용산역사 앞은 몰라보게 달라졌다. 고층 빌딩과 아파트 단지가 번쩍거린다. 진압을 책임졌던 경찰은 공항공사 사장으로, 또 국회의원으로 승승장구했다. 법무부 검찰과거사위원회는 2019년 5월 용산 참사에 대해 경찰 지휘부가 화재 등 위험 발생 가능성을 예상하고도 안전에 대한 충분한 준비 없이 진압 작전을 강행했다고 조사 결과를 발표했다. **'불'만 많다. 50**

농성장 비닐에 바람 들어 풍선처럼 부풀었다. '비정규직 철폐' 부푼 꿈 새긴 조끼 입고 사람이 거기 산다. 정규직 전환하 렸더니 대량 해고 사태가 잇따른다. 풍선 효과다. 한껏 부풀었던 기대만큼 분노가 높아 말이 점차 사납다. 북극발 한파 속 칼바 람 사나운 길에 이글루 짓고 버텨 시위한다. 고난을 스피커 삼 았다. 오랜 학습 효과. 여기저기 노숙 농성장이 불룩, 풍선처 럼 부푼다.

노숙 농성하는 교육공무직 비정규 노동자는 휴대폰 들고 엄지손가락을 움직여 조작하고 있다. 발은 담요로 덮었다. 눈 은 휴대폰 화면을 향했다. 인도에 사람이 지나면 종종 고개 들 어 살폈다. 새 정부가 들어서고 처음 맞는 겨울 2018년 1월, 약 속 이행을 촉구하는 시위와 농성이 많았다. 청와대와 정부 서울 청사 인근 인도에는 봄날 잡초 나듯 농성장이 빼곡했다. 겨울이 었으니 추위를 피할 요량으로 비닐을 대충 덮었다. 바람에 자주 부풀었다. 붙들어 맨 솜씨가 좋아 날아갈 일은 없었다. 농성장은

대개 치고 허무는 싸움이 잦게 마련인데, 그런 일이 전에 비해 확연히 적었다. 청와대 앞길 농성장도 낯선 풍경이다. 정권 교체는 농성 문화도 얼마간 바꿨다.

바람에 한껏 부풀기를 기다려 뒷자리에서 한참 지켜봤다. 농성자는 요즘 누구나가 그러듯 휴대폰 들고 긴 시간을 버틴다. 카메라가 불편하게 느껴졌을 테다. 자꾸 뒤를 살핀다. 바른 자세 잡느라 뒤척인다. 미안한 일이었다. 바라던 그림도 아니다. 편하게 하던 일 하시라고 부탁했다. 농성자가 원하는 그림이 있을 테니, 나는 늘 조심스럽다. 내가 찍으려는 장면이 오해의 소지가 있을지를 따져보게 된다. 대개 상식선에서 판단하곤 한다. 난 빠른 판단에 소질이 없으니 그 과정이 꽤나 힘겹다. 시간도 걸린다. 노력한다고 다 나아지는 건 아니더라. 얼마간의 행운과 우연이 따를 때면 한결 수월하다. 바람이 만들어내는 비닐의 모습이 둥글게 되는 순간이 그랬다. **풍선 효과. 32**

서울 정동길 어느 수도회 건물 1층 카페에서 노동조합총연맹의 간부가 휴지 조각에 글을 적는다. 기자들이 묻고 위원장이 답했는데, 궁금한 것도 할 말도 적지 않았다. 받아 적느라 네모난 휴지 여러 장이 어느새 빼곡하다. 받아치느라 노트북 타자 소리 요란한 카페에서 그 모습이 낯설었다. 익숙했던 손글씨가 유물 같다. 연인과 마주 앉아 마냥 설레었던 찻집에서 마음 담아 적어 건넨 휴지는 감동의 눈물을 닦는 데에도 쓰였을 것이라고 흐릿한 기억에 분칠한다. 버리지 못해 창고에 쌓아둔 손편지엔 곰팡이가 피었다. 빛바랬다. 이제는 영화에서나 볼 법하다. 영등포교도소 철창 안 수인이 휴지 조각에 급히 적어 몰래 날린 '비둘기' 편지는 1987년 6월을 불렀다. 감옥엔 여전히 휴대폰이며 노트북 따위는 없을 테니 사람들은 종종 감옥에 갇힌 전 노동조합총연맹 위원장의 손편지를 받아 본다. '적폐 청산' 목소리 여기저기 높은 2018년 1월 꾹꾹 눌러 쓴 그 손글씨가 낯설다.

신임 민주노총 위원장의 기자 간담회 자리에 함께한 간부

가 펜을 들어 휴지에 글을 쓰고 있다. 눈은 앞자리 위원장을, 그 옆에서 질문하던 기자를 번갈아 향했다. 카페 구석진 자리다. 이 삿짐을 꾸리느라 책상 정리를 하는데 다 쓴 취재 수첩이 한 다발이다. 내 것도, 한때 아내가 썼던 것도 섞였는데 버리지 못해 한참 싸 짊어지고 다녔다. 수년간 열어본 적 없었으니 이번에 버렸다. 이제 기자회견과 인터뷰 자리에서 펜과 수첩을 찾아보기가 어렵다. 노트북과 휴대폰이 대다수다. '받아 적는다'보다 '받아 친다'가 익숙하다. 휴대폰이 프레임에 들지 않았다면 오래전 사진으로 오해받기 좋을 그림이다. 게다가 휴지라니…. 그 앞 노트북과 휴대폰 들고 위원장 발언 치던 기자들 모습을 배경 삼고 싶었지만 무리였다. 보통 글 쓰는 기자를 두고 '펜'이라고도 하던데, 그 표현이 바뀔 때도 되지 않았을까 생각했다. **휴지 조각. 56**

KTX 해고 승무원들이 서울역 2층 대합실에서 KTX 승무원 직접고용과 원직 복직을 염원하는 108배를 하고 있다. 해고 승무원들이 두 손을 바닥에 대고 있다. 발은 세우거나 폈다. 눈은 감았다. 일어나서는 먼 데를 살폈다. 아이는 손에 과자를 들었다. 엄마와 이모들 절하는 모습을 바라보고 있다. 겨울 부츠를 신었다. 여럿이 같은 모양새를 했다. 패턴은 흥미롭다고 사진 책에서 자주 말한다. 패턴이 깨지는 모습이 담기면 더 좋다고도 한다. 3층 대합실에서 내려다보니 알록달록 타일을 깔아둔 것 같았다. 그 규모를 가늠하기에 좋았으나 표정이나 거기 끼어들 법한 이야기가 보이지는 않아 아쉬웠다. 내려가서 살폈다. 엄마 따라나선 아이는 대합실 벤치에 앉아 이런저런 군것질을 하다가도 자꾸만 거기 끼어든다. 다그쳐 내보낼 일도 아니었으니 돌봄 맡았던 이모가 먼발치에서 손짓으로 부르곤 만다. 싸움이 12년째였으니 그 사이 아이도 많이 컸다. 태블릿 피시로 그 좋아하는 만화를 보여주는데도 엄마 절하는 모습이 자꾸 궁금했나 보다. 직접고용에 합의한 날, 엄마는 딸아이에게 어떤 말을 했을지가

궁금하다.

　해고 승무원 뒤쪽으로 철도관광개발 소속 KTX 승무원들이 같이 절을 하고 있다. 이들은 지난 2019년 추석, 코레일 직접고용을 요구하며 파업했다. 열차 운행에 차질을 주지는 못했다. 문재인 정부는 공공 부문 비정규직 정규직 전환을 약속했다. 특히 생명·안전 업무는 직접고용을 원칙으로 한다고 천명했다. 한국철도공사 노사 및 전문가 중앙협의기구 합의서에도 이러한 내용이 포함됐다. 진척이 없다. 열차에 오르면 등에 선전물 붙인 승무원들을 볼 수 있다. **엄마 절하는 모습. 48**

천막에서 살지만, 또 길거리에 떠돈 지 오래라지만 저기 해고자도 한 표 쥔 게 있어 투표했다. 온 나라가 파란색으로 물들었다. 환호성이 터졌다. 약속 읊느라 입이 부르튼 정치인들이 새로운 시작 앞에 포부를 밝혔다. 그게 참 불안하다고, 마음이 편치 않다고 천막 사는 해고자는 말했다. 우리 같은 사람 신경이나 쓸까를 걱정했다. 22일째니 파란색 농성 천막은 낡지 않았다. 그 안에 걸린 승무원 유니폼이 꾸깃꾸깃 낡았다. 유행 지난 상의 단추에 철도청 시절의 마크가 달렸다. 싸움은 어느덧 4000일을 훌쩍 넘겼다. 그간 몇 번의 선거를 치렀는지, 또 어떤 농성과 행진과 몸싸움을 벌였는지가 모두 흐릿했다. 유력 정치인의 묵은 약속이 다만 천막 주변 온갖 곳 걸린 현수막에 선명했다. 포대기에 아이 품은 동료가 큰아이 하원시키러 떠났고, 남은 해고자들이 또 한 번의 행진을 준비했다. 이리저리 수소문해 찾은 승무원 유니폼을 차려입고 나설 예정이다. 여름, 겨울 것 가리지 않고 모아 10벌 정도다. 청와대를 향한다. 좀 더 가까이 갈 수 없는지를 두고 정미정 씨는 전화기 들고 고민이 깊다. 아

직은 잘 맞는다고, 천막에 걸린 유니폼을 보며 김승하 씨가 말했다.

정미정 씨는 전화기를 들고 있다. 노트북 화면을 이따금 살폈다. 김승하 씨가 옆에 앉았다. 자료를 살피고 있다. 2018년 6월 서울 서부역 앞 농성장이다. 제19대 대통령 선거가 끝나고 사람들 기대가 한껏 높았다. 정치인의 공약은 대개 빌 공 자 붙어 흐지부지되기 마련이었는데, 이번엔 좀 다를 것 같다는 생각도 많았다. 오래 싸운 해고자들이 곳곳에서 바빴다. 서부역 앞 천막 농성장은 두 동이 입구를 마주 보고 있었다. 한쪽엔 철도노조 조합원이, 또 한쪽엔 KTX 해고 승무원이 자리를 지켰다. 익숙한 얼굴이었다. 오래전에 봤고, 오래도록 봤다. 그녀는 나를 잘 모르고 나도 그녀를 잘 안다 할 수 없었지만 잊을 만하면 마주치곤 했다. 길 위에서였다. 언젠가 그녀는 승무원 옷차림에 구두를 신었고, 나는 카메라를 멨다. 비 오던 날 행진을 했고, 나는 따랐다. 사진을 여러 장 찍었을 텐데, 그건 서랍 속에서 먼지 쌓여가는 하드디스크 어딘가에 있을 것이다. 오래전 일이었다. 다시 유니폼 입고 행진한다기에 알은체 좀 할까 싶어 지난 기억을 짚어봤는데 흐릿하다. 안 해본 게 없다는 인상만이 남았다. 사진을 찾아 훑어보면 기억이 살아날까, 모를 일이다. 나는 별수 없이 관찰자에 머문다.

선거 얘기를 물었는데, 조심스러워했다. 걱정이 컸다. 문제 해결 군은 약속에 희망찼을 것이라는 내 예상은 빗나갔다. 스물넷, 한창 꿈에 부풀었을 시절, 철도청의 정규직화 약속은 지켜지지 않았다. 12년에 걸친 복직 투쟁의 시작이었다. 고공 농성과 삭발, 점거 농성이 연이었다. 법정 싸움이 뒤이었다. 1심과 2심에서 승소했다. 대법원에서 이를 뒤집었다. 양승태 전 대법원장의 재판 거래 목록에 KTX 여승무원 사건이 들었다. 죽음이 따랐다. 파란색 천막 안에 승무원 유니폼이 선풍기 바람에 흔들렸다. 뻔한 질문을 멈추고 밖으로 나왔다. 활짝 열어뒀지만 천막 안은 어두웠다. 플래시 터뜨려 빛을 보탰다. 시들어가는 꽃이 네모 틀에 끼어들었다. 철도노조와 KTX열차승무지부, 코레일은 2018년 7월 KTX 해고 승무원 복직에 합의했다. 4526일 만이라고 그들은 셈했다. **파란 나라, 파란 천막. 26**

생활정보지는 언제나 두툼했다. 그리고 공짜였다. 어머니는 그 신문지를 생선 굽는 데 덮개로 사용했다. 대파 따위를 싸두는 데도 써먹었다. 어린 조카 낙서장으로도 유용했다. 겨울이면 집에서 소일하던 아버지가 종종 돋보기안경 끼고 신문 구인란을 살폈을 뿐, 대개 그건 막 쓰는 종이였다. 마땅한 일감을 찾지는 못했던지 아버지는 한동안 집에 있었다. 날이 좀 풀려서야 공사 현장을 향했는데, 덜그럭거리는 미장 연장 가방 한쪽 주머니에 삐죽, 두툼한 생활정보지가 꽂혀 있었다. 어디에 쓰려는지는 확인하지 못했다. 옛날 얘기다. 저기 한 남성이 건널목 앞에 앉아 생활정보지 구인란을 살피고 있다. 서너 줄짜리 일자리 광고가 여전히 거기 빼곡한데, 좋은 일자리 찾았으려나. 2013년 6월, '고용률 70퍼센트 달성'과 '좋은 일자리 창출'을 둘러싸고 노사정이 제각각 분주했을 때다. 고용의 질이 문제라는 지적이 어김없다.

도롯가에 앉은 한 남성이 생활정보지를 쥐고 있다. 눈은

거기 빼곡한 구인 정보를 살피고 있다. 인도 경계석 위에 쪼그려 앉아 있다. 인터넷에 온갖 정보가 넘치는 시절이지만 종이가 익숙한 사람들이 있다. 오래전 중고 물품이며 일자리 정보가 빼곡해 두툼했던 생활정보지는 인터넷으로 공간을 확장했지만 여전히 종이를 찍어 배포한다. 폐지 수거하는 노인들이 다 가져간다고도 한다. 거기엔 여전히 일자리가 많았다. 좋은 일자리인지는 확인할 수 없었다. 일자리 창출은 오래도록 모든 정부의 약속이고 정책 방향이고 역점 사업이었지만, 매번 어려움이 컸다. 위로 솟은 횡단보도 화살표를 온전히 담아보려고 했다. **좋은 일자리 70퍼센트. 105**

흰옷에 조끼 입은 해고 노동자들이 절하면서 행진한다. 삼보일배다. 지나던 아이가 저게 꽹과리냐고 물었고, 엄마가 징이라고 답했다. 하이디스가 뭐냐고 버스 기다리던 학생이 물었고, 나도 모른다고 친구가 답했다. 뒤에 적힌 '먹튀'를 알아보고 몇 마디를 보탰다. 먹구름이 짙었다. 곧 비가 내렸다. 우산 없는 사람들이 잰걸음으로 지나갔다. 흰옷 입은 해고자들이 줄지어 세 걸음을 걸었다. 징 소리 울리자 바짝 엎드렸다. 징 소리에 일어섰다. 유모차 탄 아이가 졸음 투정하느라 징징댔다. 징 소리에 잠시 멈췄다. 비가 멈추는가 싶더니 다시 내렸다. 카페 2층 창가 자리에 빗방울이 송골송골 맺혔다. 노트북 펴둔 사람이 느린 행진을 지켜봤다. 바닥이 젖어 짙었다. 손과 발이 젖은 바닥에 붙었다. 눈도 거기에 가깝다. 장갑이 젖었고, 품 넓은 옷이 들러붙었다. 젖은 머리칼이 눈을 자주 가렸다. 검게 탄 얼굴이 차차 붉어졌다. 흰옷 무르팍엔 때가 탔다. 허리끈이 자꾸 풀려 어정쩡 추슬렀다. 징 소리 어김없이 울렸고, 세 걸음을 걸었다. 징 소리에 절했다. 대통령 취임 100일이라고 종일 북적이는 청와대 앞을 향해 느릿느릿 나아갔다. "징하다, 징해." 멈춰 서 한참을 지켜보던 사람이 혼잣말했다.

삼보일배에 오체투지 행진하느라 표정 일그러지고 머리칼과 옷매무새 흐트러진 사람들은 따라붙는 카메라가 반가울까, 부담스러울까. 고민스러웠다. 사연 알리고자 나선 것이니 답은 뻔한데, 카메라 든 나는 앞자리에서 쭈볏거리곤 했다. 마감 시간 걱정에 언제쯤 빠질지를 따지고 있는데 빗방울이 떨어진다. 옷은, 또 머리칼은 젖을 테고, 물 고인 바닥에 사람들이 엎어질 테다. 나는 좀 더 따라가기로 한다. 엎드린 모습을 찍을 것인지, 일어난 사람의 표정을 담을 것인지를 내내 고민한다. 망원렌즈를 갖고 멀찍이서 찍던 나는 광각렌즈 카메라 들고 어느새 바짝 붙어 따라간다. 절하는 사람들 앞에 서 있기는 부담스러운 일이다. 그렇지만 욕심을 내본다.

사진은, 그중에도 매체 사진은 자주 무례하다. 나는 거기에 무뎌져가고 있다. 가지런히 엎드린 모습을 찍을 것인지, 일어나서 손 모으고 먼 앞 살피는 표정을 담을지를 매순간 고민한다. 두 가지를 다 찍기로 한다. 세로 사진도 틈틈이 챙겨둔다. 선호하지는 않지만 필요할 때가 종종 있다. 핵심적 장면은 아닐지라도 빼먹지 않고 챙겨둬야 안심이 된다. 숙제한다고, 사진기자들은 농담조로 말한다. 걷고 뛰는 행진도 오래 걸리기 마련인데, 삼보일배였으니 더욱 느렸다. 처음과 끝을 다 보기는 쉽지 않은 일이다. 자연스레 출발 직후 취재 경쟁이 치열하다. 얼

른 '그림' 찾아 찍고 빠지려는 것인데, 종종 다툼도 인다. 프레임 잡고 기다리다가 이거다 싶은 장면에 셔터를 누르는데, 그 순간 앞에 끼어든 카메라가 원망스럽기도 했을 테다. 보통 뒤를 살피고 들어가는 게 현장 예의로 통한다. 비에 젖은 머리칼과 더러워진 옷이며 붉어진 얼굴 사진을 챙겨 스케치 기사에 썼다. 2017년 8월 즈음이었으니, 사연 전하려는 행진이 세종로 따라 끊이지 않을 때였다. **징하다. 18**

겹겹이 쌓아 올린 카트 더미가 무너졌다. 검은 옷 날랜 경찰이 줄줄이 들이닥쳤다. 계산대 옆 바닥에 누워 버티던 노동조합 조합원들이 하나둘 사지가 들린 채 끌려 나갔다. 비명 잦았고, 울음소리 어지러이 섞였다. 바깥에서 지켜보던 사람들이 유리창 두들기며 같이 울었다. 이리저리 맞잡은 손 아래 저기 파업 나선 비정규직 계산원이 아무 말 않고 그 모습을 늦도록 지켜봤다. 실은 그도 잠시였다. 매장 점거 농성이 끝났다. 2007년 7월의 일이다. 서울 상암동 홈에버 월드컵몰점. 그러니 오래된 사진이다. 비정규직 굴레가 여기저기 여전하니 빛바램 없다. 굵은 눈물 곳곳에 되레 선명하다. '부당 해고 철회'와 '인간적인 대우'는 오늘 곱씹는 구호다. 대형마트 비정규직 노동자의 이야기를 담은 영화 '카트'가 2014년 11월 개봉했다.

비정규직법 시행을 앞두고 회사의 외주화 방침에 맞서 매장 점거 파업을 벌이던 이랜드(현 홈플러스) 노동조합 조합원이 누운 채 경찰의 강제 해산에 저항하던 중 눈물을 흘리고 있다.

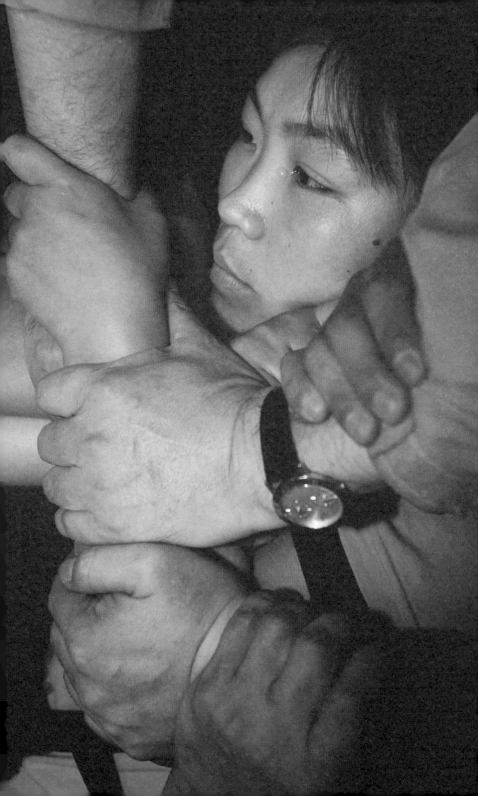

지키려고 온 사람들이 서로의 손과 손목을 맞잡고 있다. 농성하던 조합원은 그 앞 다른 동료가 경찰에 끌려 나가는 모습을 지켜보고 있다. 두 손을 깍지 끼고 기도하고 있다. 점거 농성을 할 것이라는 소식이 비밀스레 기자들에게 전해졌고, 몇몇은 일찍이 거기 합류해 전 과정을 살피고 기록했다. 비정규직법을 둘러싼 논란만큼이나 언론의 관심이 뜨거워 안팎으로 기자가 많았다. 경찰도 많았다. 종종 취재를 위한 움직임에도 제한이 따랐다. 경찰이 강제 해산에 나선다는 소식이 전해졌다. 연대 단체 회원들이 늘어났고, 기자도 늘었다. 넓은 매장에 발 디딜 틈이 없었다.

　　누워 저항하는 사람과 끌고 나가려는 경찰의 몸싸움이 거셌다. 거기에 이리저리 휘말리다 보면 다른 무슨 욕심을 낼 여유가 없이 기록하기에 바빠진다. 진압하는 경찰과 저항하는 농성자, 계산대와 온갖 팻말, 유리창 밖 사람들을 다 담아내려다 보면 그 어느 하나 뚜렷한 게 없기 십상이었다. 농성자의 표정에 집중해본다. 지키려는 사람들의 엉킨 손을, 기도하는 손을, 또 눈물을 본다. 농성자는 누운 채로 제 차례를 기다렸고, 사진가는 눈물이 흐르는 순간을 기다렸다. 자주 흘렀으나 또렷이 보이지 않아 여러 번 찍었다. 누운 상태여서 눈물이 움푹한 곳에 고여 머물렀다. 종종 장 보러 가서 마주치던 얼굴이었다. **되새김. 35, 165**

광화문광장에 봄볕 들었다. 부지런한 꽃장수가 한 단에 2000원 하는 노란색 프리지아 따위 온갖 봄꽃을 늘어놓았으니 거기 꽃길이었다. 안테나 높이 세운 방송 중계차가 그 옆 새로 생긴 호텔 앞자리에 빼곡했다. 언젠가 통신 비정규 노동자 올라 농성했던 전광판엔 내내 바둑판이 떴다. 건널목 선 사람들이 저마다 인공지능과 인간의 미래에 대해 논했다. 해고된 통신 비정규 노동자들이 세 걸음에 한 번 엎드려 천천히 그 앞 사거리를 지났다. 저 멀리 비닐로 지은 농성장을 향했다.

자식 앞세운 죄 깊고 무거운 탓에 엄마는 오늘도 현수막 들고 광장에 섰다. 늘어선 카메라를 견뎠다. 종종 고개 떨궜다. 언젠가 잘라 없앤 머리칼이 다 자랐고, 주름 더 깊었다. 영정 속 앳된 사진만이 그대로였고, 덩그러니 천막이 그 자리에 여전했다. 이제는 유효할 리 없는 학생증을 가슴에 품고서 엄마는 별다를 것 없는 호소를 반복했다. 숨 쉬기를 애써 계속했다. 700일을 기록한 사진 속에 별의별 일이 이미 많았는데, 오늘 또 새로운 활동을 다짐하고 별렀다. 새롭게 만든 별 모양 상징물을

외투 지퍼에 달았고, 그 역시 죄 많은 동지의 외투에도 달아줬다. 노곤한 봄볕 들어 노란 별이 빛났다. 설레는 봄볕은 서러운 봄, 4월을 예고했다. 잊지 않겠다고, 옆자리 지키겠다고 약속한 사람들이 컨테이너 속에 쭈그려 앉아 하루 수천 개의 리본을 만들었다. 서명 판을 지켰다. 지나는 한 사람 한 사람 눈 마주쳐가며 동참을 호소했다. 안전과 존엄을 위한 승률 낮은 싸움을 계속했다. 가시밭길 가기를 자청했다. 별일이다. 인간의 일이다.

광화문 세월호 농성장 지키던 사람이 별 모양 추모 장식물을 동료 외투에 달아주고 있다. 눈은 작은 고리를 살피고 있다. 2016년 3월 인공지능 알파고와 인간 이세돌의 바둑 대결에 관심이 뜨겁던 즈음이다. 4승 1패로 알파고의 승리였다. 별일이었다. 마음이 괜스레 헛헛했다. 막연한 두려움을 느꼈던 것도 같다. 사람의 일이라는 게 이런저런 허점투성이기 마련이다. 오히려 그 부분이 사람을 끌어당긴다. 노래가 그렇다. 완벽한 음정을 재현해내는 기계의 소리는 빈틈없어 완벽한데 매력이 없다. 예상치 못한 변주와 음 이탈이 노래를 더욱 노래답게 만들곤 한다. 효율과 이윤 따위 기준으로는 설명 못 할 일을 사람은 한다. 자식 앞세운 엄마 아빠들이 그랬다. 슬픔에 공감한 많은 이들이 또한 그랬다. 별일이었다. 기자회견이 시작되기 전, 끝난 후에 벌어지는 일들이 흥미로웠다. 자리 지켜 살피곤 했다. 별일도 아닌데 카메라 들이대는 기자가 불편했을 테다. 종종 의심을 사기도 했다. 나는 그저 먹먹한 마음으로 주변을 맴돌았다. 그러고 나서야 얼마간 가까이 다가갈 수가 있었다. 수줍음 많아 낯가리는 사람이 사진을 찍는다니 이것도 참 별일이다. 봄볕이 그 작은 고리와 별 모양 상징물에 머물기를 기다리며 한참을 찍었다. 별것도 아닌 것 같은데 집착하고 기다리는 경우가 있다. 종종 그 작은 차이가 제 역할을 할 때가 있다. 별수가 없다. 준비하고 기다린다. **별일. 125**

횡단보도 가득 채운 사람과 셀카봉. 여름이면 솟는 물줄기와 뛰고 구르며 재잘거리는 꼬마들. 웃음 반, 걱정 반으로 지켜보는 엄마 아빠. 그리고 향불 앞 끝나지 않는 사진전, 시들지 않는 국화, 늘어선 천막과 노란색 깃발. 그 아래 까맣게 탄 사람들까지 광장 풍경이 변함없다. 농성장 돗자리 하나가 늘었대도 익숙한 풍경, 틀린 그림 찾기가 쉽지 않다. 이석태 세월호참사 특별조사위원회 위원장의 자리다. 거기 한때 유민 아빠가 앉아 굶던 자리였다. 참사 초기였으니 그건 옛일이다. 오래전 진상 규명을 요구했고, 지금 진상 규명을 요구하고 있다. 수백 장 얼굴 사진 속 표정만큼이나 변한 게 없다. 그저 나부끼는 노란 깃발이 실밥 터지고 빛바래 전과 달랐고, 그 옆 서점 건물 벽에 붙은 시구가 철 따라 바뀌었고, 국회 원 구성 따위가 달라졌다. 특별법 개정, 그 기약 없는 약속에도 달라진 게 없다. 유민 아빠 김영오 씨가 그해 여름 자신의 농성 터를 바라보고 섰다.

세월호 유가족 유민 아빠 김영오 씨가 뒷짐을 지고 서 있

다. 시선은 그 앞 농성장을 향했다. 2016년 7월 세월호특조위 이석태 위원장의 단식 농성장이다. 여름이라 뒤쪽으로는 분수가 솟았다. 한동안 버릇처럼 광화문광장을 찾아갔다. 지나는 길에 좀 돌아가더라도 길 건너 그 앞을 지났다. 별일도 없이 서성거렸다. 종종 사진을 찍었다. 세월호 천막이 그 자리에서 변함없었다. 뭘 찍어야 할지를 몰라 나는 점점 힘들었다. 어느새 익숙한 일상의 풍경이 됐다. 오래 외쳐 입에 붙은 구호가 여전히 생생했을 뿐, 천막 여기저기엔 시간이 묻었다. 낡아갔다. 언젠가 매그넘이라는 사진가 집단에서 활동하는 외국인 사진가가 익숙한 일상 속에서 특별한 장면을 포착해내는 것이 중요하다는 얘기를 했다. 낯설게 보기라고 이름 붙여 내 기억에 남겼다. 그러나 나는 자주 실패했다. 너무나 익숙한 장면 속에서 방황했다. 누군가 앉아 오래 굶어 시위하는 장면도 점점 낯설지가 않았다.

막막한 심정을 자주 느꼈다. 유가족에 비할 바가 아니었으니, 난 그저 한 번씩 지나쳐 가며 마음의 짐을 덜곤 했다.

오랜 단식 농성을 마친 유민 아빠 김영오 씨가 여전히 단식 농성 천막 앞에 있다. 이리저리 걸어 다니다가 한 번씩 멈춰 농성장을 물끄러미 바라보곤 했다. 뒷짐 진 팔이 여전히 말랐다. 2년이 훌쩍 지났는데, 거기 걸린 요구 사항이 달라지지 않았으니 목숨을 걸었던 그의 싸움은 진행형이었다. 나는 어느덧 익숙한 풍경 속에서 헤매다 왈칵, 할 말이 넘쳐 특별하지도 않은 사진을 남겼다. **언젠가의 농성. 35**

이제는 잠들어 더는 말 없는 어느 거인의 초상 옆자리 간이침대에 노란 옷 입은 사람이 고된 몸을 잠시 뉘었다. 한 팔을 베고 누워 다리를 뻗었다. 시선은 그 앞 작은 회의실을 향했다. 가슴팍에 내내 밝게 빛나던 휴대폰 화면에 묻고 답하는 사람들의 얼굴과 암호 같아 알아보기 힘든 온갖 문서가 흘렀다. 종종 찡그린 표정 방청객 얼굴도 보였는데, 그들 옷차림이 노란색 한결같았다. 거기 참사의 진상을 심문하던 자리. 국회 어느 너른 장소를 세월호 유가족은 바랐지만, 그건 국회의 일이 아니니 안 될 일이라는 답변이 딱 부러졌다. 예산은 딱 끊겼다. 지상파 생중계 전파도 뚝 끊겼다. 100여 명 규모의 회의장을 겨우 마련했다. 서울 마포구 김대중도서관이었다. 2016년 9월 주요 증인들은 거기 오지 않았다. 대역을 맡은 조사관이 빈 증인석을 채웠다. 고된 길이었다고 특조위 위원장은 앞서 고백했다. 안타까운 현실이라고 유가족은 말했다. 방청석 맨 앞자리에서 그는 자꾸 눈을 비볐다. 단식 농성이 이미 길었다. 특별법 개정과 특검 시행, 기약 없는 약속 앞에 사생 결단식이 매일 같다. 도서관 곳곳에 김 전 대통령의 궤적을 기록한 낡은 자료가 보였다. 생사를 넘나드는 고된 길이었음을 자료는 증언했다. 노란 옷 입은 이는 잠시 누웠어도 청문회를 가슴에 품었다. 그도 잠시, 곧 일어나 참사의 장면을 깨알같이 복기했다. 깨진 조각 맞추느라 거기 다들 눈이 붉었다. 진실 찾기 여정이 오늘 더없이 고되다.

청문회 장소가 좁았다. 노란 옷 입은 사람들이 많고 기자가 많았다. 그러나 빈자리가 많았다. 증인석이었다. 알 수 없는 말과 알고 싶지 않은 말과 알 것도 같은 말이 끊임없이 흘렀다. 듣는 일도, 찍는 일도 고된 일이었다. 거기 눈 벌건 사람들에 비할 바는 아니었다. 비좁은 통로를 빠져나와 청문회장 뒤쪽을 서성거렸다. 복도에 잠시 누운 유가족을 발견했다. 카메라 들기를 망설였다. 공적인 행사였지만, 거기 구석진 곳 잠시 쉬는 모습까지 담을 자격이 기자에게 있는지 고민해야 했다. 조심스럽기도 했다. 사진은 촬영자의 의도와 달리 해석되는 경우가 잦다. 모든 사람이 선의를 갖고 맥락을 따져보지는 않는다. 저마다 보고 싶은 걸 보게 마련이다. 진상 조사는 온갖 방해 속에 지지부진했고, 유가족들은 때로 지친 모습을 보였다. 일부였지만 여론도 마냥 호의적이지만은 않았다. 당시 하루하루가 살얼음판 같았던 기억이다. 보도사진을 찍는 일도 하루하루 살얼음판을 걷는 일이다. 초상권을 침해하는 건 아닌지, 오해의 소지는 없는지 스스로 묻고 따져본다. 긴장을 늦추면 실수하거나 뻔한 그림만 기계처럼 찍어내게 된다.

눈 붙인 것으로 생각했는데, 실은 질끈 감은 것이었다. 그는 깨어 휴대폰에서 흘러나오는 청문회 인터넷 중계에 귀 기울이고 있었다. 휴대폰 화면 속 청문회 장면을 좀 더 크게 담을까도 생각했지만 휴식을 방해하고 싶지 않았다. 조금 물러나 김대중 전 대통령의 초상 사진과 함께 담았다. 고된 길 끝에 그가 이룬 성취를 아래 자료가 설명하고 있었다. 다 지난 일이라고 여길 만큼 시간이 흘렀다. 유가족들은 여태 진상을 묻는다. 고된 길이다. **고된 길. 24**

6년 만의 파업이다. 병원 로비가 북적였다. 구호와 노래 흘렀고 현수막이 곳곳에 많았다. 기자가 또 많았다. 휠체어 탄 환자가 그 앞을 지났고 플래시 사방에서 어김없이 번쩍였다. '볼모'로 잡힌 환자 사진이 다음날 신문에 많았다. 빨간색 파업 티셔츠 입은 사람들 배경으로 주사액 매단 환자가 위태로워 보였다. 불편을 호소하는 인터뷰가 잇따라 상세했다. 뒤따르는 여론의 뭇매. 못내 익숙한 풍경. 끝내 여론전이야말로 파업의 제일 고려 사항이 된다. 죄 많은 노동자 파업이 오늘 또 쉽지 않다. 노동권 자라지 못한 불모지에 사는 죄다. 저기 '배부른' 노동자가 정규직화 요구 적힌 손팻말을 들고 앉았다.

　　공공운수노조 서울대병원분회가 2013년 10월 의료 공공성 강화를 요구하며 파업에 돌입했다. 한 조합원이 손에 팻말을 들고 있다. 사회자를 바라보고 있다. 병원 로비다. 파업은 당연하게도 불편을 초래한다. 교섭력이 거기서 나온다. 헌법에 새긴 노동삼권이 이를 보장한다. 그러나 선언에 그치는 경우가 많았

다. 병원 같은 필수 공익 사업장에서는 필수 유지 인력을 제외한 인원만이 파업을 할 수 있다. 그 비율이 과도히 높다는 게 국제노동기구(ILO)의 지적이다. 파업권은 무력해지기 일쑤다. 그마저도 여론, 아니 보수 언론의 뭇매에 시달린다. '환자를 볼모 삼아' '시민 불편' '극심한 교통 정체' 따위가 단골로 쓰인다. '경제 위기 나 몰라라' 같은 표현도 자주 붙는다. 파업은 권리로 인식되기보다는 죄악으로 여겨진다. "필수 유지 업무 비율을 낮춘다고 병원에 환자를 두고 나오겠습니까. 환자를 볼 인원은 남기고 파업을 합니다. 지금은 필수 유지 업무 비율이 너무 높아서 노동자의 쟁의권만 침해되고 있습니다"라고 병원 노동조합 사람은 말한다.

아침 파업 출정식이 열린 병원 로비에 사진기자들이 많았다. 뭘 찍나 가만히 지켜보면 뭔 말을 하고 싶은지가 보인다. 어김없이 '환자 불편' '볼모' 따위 제목 붙은 기사가 죽 쏟아진다. 볼수록 모르겠다. 정규직화 바람 적은 팻말에 빛이 들기를 기다려 찍었다. 생떼 쓰기로 불렸던 요구였다. 그런 경험 때문인지 파업 참가자들은 사진기 든 사람을 경계한다. '얼굴 팔리는 일'이 부담스럽기도 할 테다. 사진에 초연한 사람을 찾아 출정식 구석구석을 누빈다. 그 앞에서 선한 표정 짓고 서성거리는 건 피아 식별해달라는 나의 소심한, 그러나 의도한 행동이었다. 특별할 것 하나 없는 사진에도 이만큼의 공은 든다. 서울대병원은 정부의 공공 부문 비정규직 정규직 전환 방침에 따라 2019년 11월까지 파견 용역 비정규 노동자 614명을 직접고용 정규직으로 전환하기로 했다. 소아 급식, 경비, 운전, 사무 보조, 환경미화, 주차, 승강기 안내 노동자가 그 대상이다. 자회사를 설립하는 방식으로 비정규직 정규직화를 추진하던 공공 기관이 자회사 안을 철회한 것은 이번이 처음이다. **파업, 볼모. 100**

대~한민국, 익숙한 응원의 함성이 늦은 밤에 높았고, 새 아침 벌건 눈을 한 사람들은 목이 쉬었다. 가슴 뜨겁던 승리의 장면을 복기하느라 점심상에 콩나물 해장국이 식었다. 속이 시원했다. 국무총리는 "또 현실이 상상을 앞섰다"며 축구 승리에 찬사를 보냈다. "대통령도 밀어내고 독일도 밀어냈다"며 외국 방송 앵커는 놀라워했다. '단결 투쟁, 결사 투쟁' 오랜 싸움 구호가 정부 청사며 기차역과 청와대 앞에 높았고, 외치느라 목이 쉰 사람들이 동료의 죽음을 복기하느라 눈이 벌겋다. 묵은 약속을 재촉하느라 침이 마른다. 속이 탄다. 국정 농단부터 사법 농단까지 한때 불온했던 상상은 지독한 현실이었다. 길에서 확률 낮은 싸움을 계속해온 사람들이 포기 않고 여태 농성한다. 노동 삼권, 법전에나 선명한 말을 등번호 삼아 뛴다. 비를 맞는다. 장마 전선 오르락내리락하는 동안 지쳐간다. 약속된 시간을 넘겨 추가 시간이 흐른다. 코너에 몰린 사람들이 남은 힘을 쥐어짠다. 공을 올린다. 매듭짓는 속 시원한 한 방이 끝내 터지길 바라는 마음이 그 어디 천막에서도 굴뚝같다.

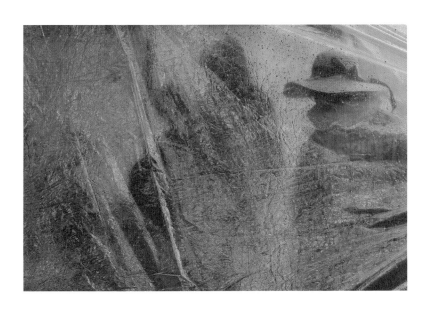

청와대 앞길에서 농성하는 전교조 조합원들이다. 우비 입고 팻말을 들었다. 천막에 들어가 쉬고 있다. 신발이 젖었다. 2018년 6월 농성은 장마처럼 길었다. 젖고 마르는 동안 조끼에 새긴 구호가 흐릿해져갔다. 사람들은 노동조합 할 권리 보장하라는 뻔한 구호를 오랫동안 외쳤다. 국제노동기구 핵심 협약을 비준할 것을 촉구했다. 농성장은 어느덧 그 길에 풍경처럼 스며 익숙했다. 낡은 천막 안에 비가 스며들어 축축했다. 카메라 렌즈에도 빗물이 맺혀 초점 잡기가 쉽지 않았다. 비 내려 좀 특별한 장면이 없을까 싶어 기웃거렸는데, 별일도 아니라는 듯 다들 익숙하게 농성장을 오갔다. 전교조는 법외노조 상태로 결성 30주년을 맞았다. **장마, 전선. 90**

저기 푸른색 작업복에 찌든 기름때는 꼭 '밥값'이었다. 조선소 고된 일은 한 가족을 먹여 살릴 만큼이었다. 때론 호기 좋게 최신형 텔레비전을 들이고 집을 넓혔다. 가족 태울 요량으로 좀 더 큰 차로 바꾸고 다 큰 아이들에게 새옷이며 '메이커' 운동화를 안겼다. 더 늙은 부모님 병원비를 치렀으며 자식들 학원비와 등록금을 메웠다. 종종 소주와 맥주를 마셨고 술김엔지 아주 가끔은 다 늙어 주름진 아내 손에 머쓱하니 선물을 쥐어 줬다. 그만큼이었다. '기름밥 청춘'을 그래도 살아냈으니 호강이던가. 먼저 죽은 동료 상가에 보낼 부조금이 모자라진 않아 호사롭던가. 떨어지고, 질식하고, 끼이거나, 가스가 폭발해 죽어 떠난 이들이 여럿이니 저 작업복의 기름때는 자주 '목숨값'이었다. 한진중공업 영도조선소 노동자 한 명이 노동조합 게시판에 붙은 선전물을 읽느라 섰다. 먼저 간 동료 장례 다 치른 그 억센 손을 뒤로 잡았다. 대규모 정리해고 소식이 바닷바람에 흉흉한데 맞잡은 게 아직은 제 손뿐이다. 칼바람에 위태로운 게 어디 공장 앞 김진숙 민주노총 부산본부 지도위원의

단식 농성 천막뿐인가….

조선소 노동자가 노동조합 게시판에 붙은 선전물을 읽고
있다. 뒷짐을 지고 있다. 작업복 차림이다. 점심시간이었다. 뒷
짐은 손을 등 뒤로 젖혀 맞잡은 상태를 이른다. 보통 '뒷짐을 지
다'는 어떤 일에 자신은 상관없다는 듯 구경만 하고 있다는 뜻
으로 자주 쓰인다. '뒤로 진 짐'으로 나는 읽었다. '뒤'와 '짐'의
결합인데 '짐'이 어떤 뜻인지는 분명하지 않다고 국어사전은 말
의 역사를 기록했다. 그저 버릇처럼 잡은 손이었으니 내 해석은
과했다. 다만 거기 깊은 주름과 굳은살, 또 작업복의 기름때가
밥벌이 풍경을 가늠케 했다. 대규모 정리해고 소식이 들려오던
때였다.

건설 현장 미장일하는 아버지는 작업복 삼은 헐렁한 면바
지와 체크무늬 혼방 셔츠를 버릴 줄을 몰랐다. 그게 편하다고.
빨아도 지워지지 않는 시커먼 때가 원래 무늬를 덮었다. 작업복
에 때가 쌓이는 동안 나는 굶지 않았고 가끔은 삼겹살도 먹었
다. 세 든 방 한 칸에서 살던 여섯 식구는 좁지만 방 세 개짜리
반지하 집을 사서 이사 갔다. 아버지는 당시 유행하던 전축 시
스템을 안방에 들였다. 열심히 먼지 닦아가며 아꼈다. 때 묻은
작업복엔 여기저기 구멍이 났다.

정리해고 소문이 돌자 2010년 1월 김진숙 지도위원이 영
도조선소 담장 밖에 천막을 치고 단식 농성을 시작했다. 크레인
에 오르기 전이다. 뭔 그림 없나 해서 노동조합 사무실 앞을 어

슬렁거리는데, 나만 그런 건 아니었다. 점심시간, 뭔 소식 없나 그 앞을 서성거리는 노동자가 많았다. 나이 든 사람들 걱정이 더욱 컸을 테다. 주름진 거친 손이, 기름때 짙은 작업복이 눈에 띄었다. 짧은 순간이었다. 특별한 장면은 아니었다. 그런 사람이 거기 많았다. **기름밥 청춘. 148**

얼마 남지 않은 머리칼이 삐죽, 바닷바람에 이리저리 흔들렸다. 콧물이 애꿎게도 줄줄 흘렀다. 가린다고 가려봐도 살을 에는 찬바람에 덧없이 떨었다. 한파는 부산이라고 예외 없었다. 정리해고엔 너나없었다. '긴박한 경영상의 이유'를 이해할 순 없었다. 가진 건 따로 없어 늙은 몸 부려 일해야 할 이유는 많았다. 오랜 일터 정문을 지켜선 이유다. 부산 한진중공업 영도조선소 정문 앞에서 농성 중인 노동자 얼굴에 시름 짙은 까닭이다.

한진중공업 영도조선소에서 배 짓는 노동자가 집회 모습을 바라보고 있다. 손은 등 뒤로 맞잡았다. 조선소 정문 앞이다. 부산을 여러 번 찾아갔다. 놀러 간 기억은 적다. 부산역에서 한진중공업 영도조선소 가는 길이 익숙했다. 지도 없이도 찾아갈 수 있겠다고 생각했다. 집회와 행진을 열심히도 따라다녔던 기억이다. 비에 흠뻑 젖은 채 걷고 걸었다. 영도 가파른 골목길 구석구석을 누볐다. 한때 호황을 누린 공장 앞 식당에 들러 식사를 하는데 그곳 사장님은 묻지도 않은 말을 술술 풀어내곤 했

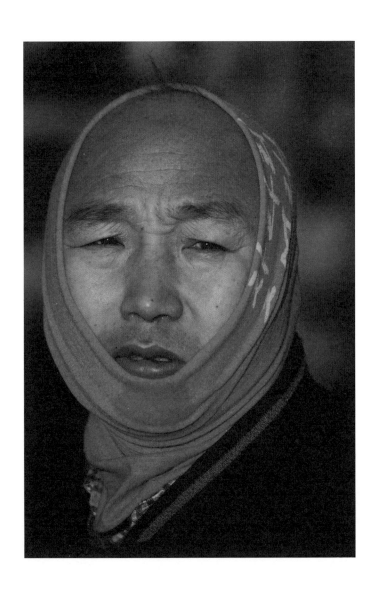

다. 불안은 널리 퍼져 그 일대 구석구석에 흉흉한 말이 떠돌았다. 배 짓던 노동자들은 집회 무대를 짓느라 철골조를 쌓고 거기 대형 현수막을 붙였다. 바닷바람에 현수막이 부풀었다. 돛처럼 살았다.

사람들은 찬바람 막느라 목도리 같은 걸 둘러매고 얼굴을 싸맸는데, 거기에 '차라리 죽여라'라고 새겼다. 구호로 외친 말은 듣기에 좀 달랐다. 붓 들어 직접 쓴 여러 현수막에 그곳 지역 말이 선명했다. '고마해라' '쥐기삐라' 따위가 그랬다. 긴박한 해고 위기 앞에 말이 거칠었다. 바닷바람 맞아가며 늙어 주름진 얼굴도 거칠거칠했다. 낮게 넘어가던 햇볕 때문인지, 답답함 때문인지 찡그린 표정이었다. 2011년 1월 6일 김진숙 민주노총 부산본부 지도위원이 한진중공업 내 85호 크레인에서 고공 농성을 시작했다. 그해 6월, 정리해고 철회를 위한 '희망버스'가 영도조선소를 향해 출발했다. 한진중공업 정리해고 사태는 전국적인 이슈로 떠올랐다. 이례적인 일이었다. **'고마해라'. 200**

5~7미터

장소는
기억을 품는다

1 1.2 1.5 2 3 5 7 10 ∞ m

점거 농성 중인 공장 정문을 지키는 노동조합 조합원들 사이 한 엄마가 아이 손을 잡고 있다. 아이는 진압 작전 앞두고 분주히 움직이는 경찰을 보고 있다. 경찰은 손에 진압봉을 들고 있다. 2011년 5월 충남 아산 둔포면 유성기업 아산공장. 이날 경찰은 조합원 200여 명으로 구성된 '사수조'가 지키는 공장 정문 피해 정문 양쪽 옆 철망을 뜯어내고 공장 안으로 진입했다.

파업과 공장 점거 농성 현장엔 어김없이 조합원의 가족이 보인다. 가족대책위 같은 것을 꾸려 지원에 나선다. 밥을 짓고 기자회견에 나서는 식으로 함께한다. 아이들은 달리 갈 곳도 없어 거기서 논다. 놀이터고 방과 후 학교다. 때때로 잠도 자야 했으니 한동안 집 삼아 지낸다. 또 현장엔 어김없이 용역 경비원들이 보인다. 주로 검은색 옷을 차려입은 건장한 남성들이 그 앞을 오가며 농성하는 사람들을 도발한다. 다툼이 잦다. 종종 큰 싸움으로 번진다. 언젠가 유성기업 농성 현장에 투입된 용역 경비원이 승합차를 몰고 조합원에게 돌진해 13명이 크게 다치는 사고가 나기도 했다. 용역 경비원은 현장의 취재진에게도 욕설

을 아끼지 않는다. "카메라 다 부숴버리겠다"는 협박은 예삿일
이다. 몸조심하라는 걱정도 보태곤 했다. 또 여기저기 현장엔 창
조컨설팅이라는 노무법인이 보였다. '노동조합 파괴 전문'이라
는 수식어가 그 앞에 붙었다. 대법원은 2017년 12월 창조컨설
팅과 자문 계약을 맺고 노동조합 와해를 시도한 혐의로 유시영
유성기업 회장에게 징역 1년 2개월 선고한 원심을 확정했다. 지
켜선 사람들 앞으로 경찰이 지나기를 기다렸다. **조합원의 가족.**

34

날이 부쩍 추워 전화드리니 나는 괜찮다고 엄마는 말했다. "따뜻한 방에서 잘 지내니 너나 잘 챙겨 입고, 잘 먹고 다니라" 고 밀린 잔소리를 풀어낸다. 어쩌다 들른 시골집 마루는 언제나 냉골이다. 구석 자리 작은 전기장판이 그나마 앉을 자리다. 보일 러는 장식이었다. 뻔한 거짓말이 오랜 일이다. 어릴 적 곶감 좀 달라면 엄마는 없다고 잘랐다. 며칠 뒤 제사상엔 뽀얗게 분이 난 곶감이 올랐다. 나는 분했다. 하나도 안 맵다던 음식은 꼭 매 웠고, 김이 모락모락 나는 스테인리스 밥그릇을 맨손으로 옮기 면서도 뜨겁지 않다고 엄마는 말했다. 생선은 대가리가 제일 맛 있다면서 내겐 몸통만 떼어 줬다. 용돈 좀 달라면 돈 없다고도 했다. 저녁 드셨느냐고 물어보면 먹었다고, 드시고 싶은 것 있 느냐고 하면 없다고만 했다. 조금만 싸서 보냈다던 택배 상자엔 김치와 무와 온갖 반찬이 꽉 차 터질 지경이었다. 어느 빌딩 청 소 일은 그만두셨다더니, 언젠가 물으니 또 나가신단다. "더 늙 으면 나 좀 먹여 살려라"고 이제 가끔은 참말도 하신다. 늙은 엄 마의 뻔한 거짓말을 이제는 좀 알 것도 같다.

　　추운 날 길에 나선 청소 노동자들이 쓰레기봉투 속에 들었다. 최저임금 올랐다고 사람 자르고 알바 쓴다는 대학교며 어느 커다란 빌딩 얘기 풀어내느라 그늘에서 오래 떨었다. 2018년 1월 춥지만 투쟁의 열기가 높다는 사회자의 빈말에 큰 소리로 화답했지만 얼어 죽겠다 소리가 여기저기서 절로 나왔다. 엄마는 하나도 안 춥다더니, 그게 다 거짓말이다. 천문학적인 액수의 적립금 쌓아두고도 돈 없어서 사람 자른다는 대학 얘기에 '에라, 거짓말' 소리가 절로 나왔다. 늙은 노동자 목청이 날로 높다.

　　집회 나선 청소 노동자는 손을 포개어 비닐 속에 넣었다. 뻗은 발도 비닐 속이다. 눈은 마이크 잡은 사회자와 발언자를 향했다. 겨울, 집회 나선 사람들은 가만히 앉아 버틸 일이 많다.

추위를 견딜 저마다의 방법을 총동원한다. 모자 달린 두툼한 옷은 기본, 목도리와 내복은 필수, 장갑에 핫팩까지 꼼꼼히 챙기지만 춥다. 얼음장 같은 바닥은 어쩌나. 도톰한 등산용 접이식 방석이 답이다. 파고드는 찬바람은 또 어쩌나. 저 비닐봉투가 위로가 된다. 실은 쓰레기봉투다. 청소 노동자들 집회 때마다 볼 수 있는 모습이다. 효과가 궁금해서 한번은 들어가봤는데, 이것만한 게 없더라. 그 무슨 고*텍스라는 비싼 소재 저리가라였다. 뜨듯했다. 뻔한 거짓말이다. 그저 '가성비'가 훌륭했을 뿐, 날은 춥고, 손은 얼고, 다리는 떨렸다. 사진 찍기도 고역이다. 엄마 생각이 났다. 시골집에 나무 때는 온돌방이 하나 있는데 거기 누워 지지고 싶었다. 거짓말처럼 추운 날들이 길에 흔했다. **뻔한 거짓말. 56**

봄꽃 떨어진 자리에 새잎이 돋는다. 쑥쑥 자란다. 다 말라 죽은 듯 갈색빛 황량한 풀숲에도 가만 보니 초록 새싹이 쑥쑥 오른다. 늙어 허리 굽은 할매가 쑥을 뜯는다. 봄볕 아린 날이니 모자가 깊었다. 때때로 바람 차 소매가 길었다. 할매는 오래도록 봄이면 쑥을 뜯었다. 쑥국을 끓이고 쑥떡을 빚어 어린 자식 밥상을 차렸다. 쑥쑥 자라 이제는 엄마 따라 늙은 자식 밥상에 오늘 쑥국이 올랐으니 그제야 봄이다. 언젠가 봄날 텔레비전 앞에서 섧게 울었던 아빠는 다섯 살 딸아이를 목마 태워 꽃길을 걸었다. 노란색 바람개비가 걸음 따라, 바람 타고 돌았다. 돌고 돌아 새봄, 한데 모인 사람들 눈시울이 저마다 붉었다. 여전한 숙제를 읊었고, 기억하기를 다짐했다. 언젠가 아이처럼 울던 엄마는 이제 꾹꾹 눌러 몸으로만 울었다. 볕이 온 자리에 공평해 모든 산 것들이 쑥쑥 자라나니 봄이다. 참담한 죽음을 떠올리고서야 봄이다.

노인들이 수풀에서 쑥을 뜯고 있다. 한 손엔 호미를, 나머지 손엔 비닐봉투를 들었다. 시선은 땅을 향했다. 완연한 봄날

이었다. 발 디딘 곳 흙이 푹신했을 것이다. 꽃 피는 봄이 싫다고, 2019년 4월 안산 화랑유원지 기억식 무대 오른 청년이 말했다. 살아남은 이의 죄책감을 읊었다. 사람들이 울었다. 역에서 행진해 오는 사람들을 찍으려고 단원고 방향으로 걸었다. 제법 더웠다. 길 여기저기에 온갖 잡풀이 자라고 있었다. 유원지 물가엔 벚꽃이 흐드러졌다. 봄이라고, 어김없이 자라나던 그것들을 보고 상념에 젖었다. 쑥 뜯는 할머니를 보고도 그냥 지나치지 못해 사진기를 들었다. 저 뒤로 단원구청 외벽엔 '꽃을 볼 때마다, 별을 볼 때마다 여러분을 생각합니다'라고 쓴 현수막이 걸렸다.

세월호 관련 취재를 갈 때마다, 노란색 리본을 볼 때마다 나는 딸아이를 생각했다. 하루가 다르게 쑥쑥 커가는 아이를 보면서도 나는 종종 세월호를 떠올린다. 그보다 자주 봄꽃 아래에서 즐거웠지만 한 번씩 왈칵 올라오는 걸 어쩔 도리가 없다. 대학 시절, 사고로 먼저 간 일곱 친구를 추모하려고 준비한 행사 이름이 '봄이 올 때마다'였다. 얼굴 모습 기억도 이제는 흐릿한데, 봄이면 나는 멍하니 허공을 바라보곤 한다. 잊지 않겠다고 시작한 추모제는 20주기에 이르렀다. 수풀에 폭 파묻혀 쑥 뜯는 할머니들이 일어나서 걷기를 기다렸다. 맞춰 입었나 싶은 붉은색 계열 점퍼와 모자가 잘 드러나기를 바랐다. 한참을 그러고 있는데, 어이쿠, 왼편에 앉아 있는 할머니와 눈이 마주쳤다. 머쓱해서 꾸벅 인사하고 말았다. 쑥 많이 뜯었는지 묻고 얘기 좀 나눠볼 욕심도 났는데 시간에 쫓기던 참이라 발길 재촉하고 말았다. **쑥쑥. 26**

겨울, 어느 건설 현장이 새벽부터 분주했다. 뚝딱뚝딱 형틀 짜던 목수가 몸을 녹이려 쉼터에 잠시 들었다. 담배 한 개비 꺼내 물었다. 가늘고 긴 것이었다. 불을 붙이고 한 모금 깊이 빨았다. 날숨이 한숨처럼 길었다. 연기 따라 자욱했다. 자주 고개 숙인 채 눈을 감았다. 종종 눈을 비볐다. 군더더기 하나 없었으니 그건 오랜 버릇이었다. 이마에 새긴 나이테만큼이었다. 타닥 타닥 빨간 불꽃이 담배 쥔 손가락에 어느새 가까웠다. 한 모금을 더 빨았다. 새로 생긴 버릇이었다. 담뱃값이 많이 올랐다. 그건 부족한 세금만큼이었다. 뚝딱 끊기는 어려웠으니 늙은 형틀 목수는 담배를 그저 오래도록 물었다. 꽁초 수북한 재떨이에 꾹 눌러 불을 껐다. 쉬는 시간이 끝났다.

건설 현장 일하는 노동자가 쉬는 시간에 담배를 물고 있다. 왼손 검지와 중지로 슬쩍 받쳤다. 등이 굽었다. 시선은 그 앞 컨테이너 벽을 향했다. 겨울, 건설 현장 한쪽 컨테이너 휴게실 안 난로가 붉다. 온기 찾아 모인 사람들이 거친 손을 비비다가

는 꾸부정한 자세로 탁자에 기대어 담배를 문다. 연기가 자욱하
다. 한때 익숙했던 장면이다. 어릴 적 살던 집 마루 잘 보이는 곳
에는 항상 재떨이와 동그란 성냥갑이 있었다. 아버지만 아니라
집을 찾는 손님들을 위한 것이었다. 나는 연기 자욱한 술상 옆
에서 뛰어놀다 술잔이며 재떨이를 엎고서 불호령을 듣곤 했다.
그 자리를 뜨진 않았다. 집에 놀러 온 '삼촌'은 과자 선물 세트를
안겨 주고 가끔 용돈을 주기도 했으니 나는 연기 자욱한 술상을
맴돌았다. 아버지와 같이 다니며 집 짓는 삼촌이었다. 지금이라
면 까무러칠 장면이다. 언젠가 늦은 밤 아파트 창을 찍은 사진
이 신문에 실린 적이 있었는데, 가만 보니 두세 집 건너 베란다

마다 빨간색 점이 빛났다. 거실에서 쫓겨나 베란다 창가에서 담배 피우는 사람들 얘기를 다룬 기사였다. 식당과 술집은 또 어떤가, 실제로 그리 오래되지는 않았는데 까마득한 기억 속 일만 같다.

담배 피워 문 사람 표정은 여전히 시선을 끈다. 긴장 풀린 자연스러운 얼굴에서는 온갖 감정이 피어오른다. 그러나 선뜻 찍을 생각을 않는다. 써먹기도 애매하니 버릇처럼 거른다. 찍히는 사람도 마찬가지. 죄지은 것처럼 움츠러든다. 감추거나 얼른 비벼 끈다. 휴식을 방해한 것 같아 미안한 마음도 든다. 2015년 1월 1일 담뱃세가 대폭 인상되면서 담배 가격이 갑당 2500원에서 4500원으로 올랐다. 건강에도 좋지 않고 다른 사람에게 피해를 주니 끊어야 한다는 건 유치원 다니는 어린이들이 잘 안다. 또한 그것이 꼼수 증세였다는 걸 많은 사람이 안다. 그럼에도 그 한 모금 끊지를 못해 구석에 숨어 뻐끔거리는 사람들을 비난할 마음은 없다. 나름의 위안일 테다. 꽁초 통에서 이른바 '장초'가 사라졌다. 몇 천 원 아쉬운 사람들이 한 모금을 더 빤다. 필터에 가깝다. 세수는 늘고 꽁초는 짧아졌다. 내뿜는 연기에 한숨이 섞여든다. **날숨이 한숨처럼. 68**

늦은 벚꽃 바람에 날려 마석 모란공원 오솔길이 꽃길이다. 노동조합 조끼 입은 사람들이 그 길 따라 올랐다. 손에 든 비닐봉지엔 사과와 배, 소주 따위 제수가 들었다. 길옆으론 진달래가 피었다. 꽃 떨군 자리에는 연초록 새잎이 돋아나 봄볕에 반짝거렸다. 무덤가에도 봄이 깊었다. 일행은 검은 비석 앞에 머물러 절을 했다. 소주를 따랐다. "종범아, 맘 편히 먹어라. 약속 지켰다." 노동조합 지회장이 혼잣말했다. 비석에 새긴 사진이 참 이상하지 않느냐고 물었다. 이쪽저쪽에서 봐도 자기를 쳐다본다는데, 사진기 든 사람들 답이 흐릿해 또 혼잣말에 그쳤다. 비석을 잡고 불룩 솟은 무덤을 한참 살폈다. 대답 없는 혼잣말을 이어갔다. 검은색 서류철을 무덤 앞에 뒀다. 거기 합의서에 회사는 협력 업체 직원들을 직접 고용한다고, 또 회사는 노동조합을 인정하고 합법적인 노동조합 활동을 보장한다는 내용이 들었다. 오랜 구호였다. 등에 매달고 목청에 새긴 말이었다. 먼저 간 동료의 유서 내용이고 비석에 새긴 바람이었다. 오랜 혼잣말이었다. "호석이 찾는 일이 남았다. 종범아, 네가 도와주라." 혼잣

말하던 지회장이 남은 소주 몇 잔을 무덤 여기저기에 끼얹었다. 지붕에 나팔 모양 스피커 달린 승합차 타고 노동조합 사무실로 출발했다.

라두식 금속노조 삼성전자서비스지회장이 손을 꼭 쥐고 모란공원 무덤 앞을 걷는다. 사진 새긴 표지석을 바라보다 무덤 봉분을 한참 살폈다. 발밑에 새 풀이 돋아 푹신했을 것이다. 내 눈에 흙이 들어가기 전에 노동조합은 안 된다고 선대 회장은 유지를 남겼다. 노동조합 하던 청춘이 죽어 흙에 들어가고서야 노동조합 인정 합의서를 받아봤다. '무노조 경영' 오랜 역사에 의미 있는 균열을 냈다고 사람들은 말했다. 2018년 4월 기자가 몰려 북적거리던 기자회견이 끝난 뒤 지회장과 동료 몇몇이 모란공원을 찾아갔다. 무덤 앞에 합의서를 올려두는 장면을 공들여 찍었는데 뻔해 보였다. 좀 떨어져서 낮은 곳에서 살피니 막 피고 지는 꽃나무 사이로 표지석이 보였다. 사람이 지나기를 기다렸다. 꽃이 피고 진 뒤에 잎이 나오는 것은 진달래다. 닮은꼴 철쭉은 잎이 먼저다. **꽃잎 떨군 자리에 새잎. 90**

국정감사. 딸아이를 외교부에 특별 채용했던 장관 아버지는 증인 자리에 나오지 않았다. '심리적 충격으로 인한 건강 문제'가 이유였다. '건강검진 예약' '훼손된 선영 대책 마련' '풍수지리 강의 수강' 등을 사유로 다른 여러 증인도 자리를 비웠다. 한데 이 자리, 대기업에 다니는 딸아이를 자랑스러워했던 아버지는 참고인 명패 앞에 두고 하염없는 공방을 오래도록 바라봤다. 따져 물을 힘이 그에겐 없었다. 짧은 시간 마이크 잡아 딸아이의 죽음을 복기할 의무만이 따랐다. 수백 번도 넘게 되뇌던 말이지만 아버진 오늘도 메모를 준비했다. 목소리가 떨렸다.

삼성전자 반도체 공장에서 일하던 황상기 씨의 딸은 2007년, 스물셋 나이에 백혈병으로 사망했다. 발병이, 또 죽음이 잇따랐다. 제보가 연이었다. 하지만 정부는 문제없다고 결론 내렸다. '통계적 유의성'이 없기 때문이라고 전문가는 말했다. 따가운 질책, 날카로운 질문 앞에 정부 책임자는 흔들림 없었다. 오랜 시간 자리 지키며 아버지, 다만 지켜볼 뿐이었다. 따져 물을 힘이 그에겐 없었다. 상대는 대기업이고 정부였다. 2년

째 참고인 명패 앞 국정감사 자리를 참고 지켰다. 더 오래 거리를 누볐다. 딸아이의 죽음을 복기하는 그 짧은 발언 시간이, 간절했던 아버지의 '출석 사유'가 국정감사장에 차고 넘쳤다.

2010년 10월 국정감사장에 참고인으로 출석한 반올림 황상기 씨와 이종란 씨가 증인으로 나온 고용노동부 장관이 발언하는 모습을 바라보고 있다. 한 손엔 펜을 들었다. 때때로 무언가를 적곤 했다. 언젠가 반올림이 삼성전자 백혈병 문제를 제기하고 나섰을 때, 많은 사람이 계란으로 바위 치기라고 말했다. 상대는 삼성이고 정부였다. 지금 삼성전자의 사과와 보상, 정부의 산업재해 인정을 이끌어낸 데에는 무엇보다도 황상기 씨의 끈질긴 노력이 큰 역할을 했다. 그의 말은 느렸고, 글씨는 삐뚤삐뚤했고, 독한 표정 같은 건 얼굴에 없어 보였다. 이 또한 편견일 테지만 큰 싸움 나선 투사의 모습을 찾아볼 수 없었다. 하지만 그가 쓰는 단어는 쉬웠고, 말은 또박또박 잘 들렸고, 군더더기 없이 상식을 적고 말했다. 국정감사의 여러 증인이 상식 밖의 이유를 들어 감사장에 나오지 않았다. 한마디가 간절했던 아빠는 오랜 질의와 답변 시간을 기다려 몇 마디를 할 수 있었다. 주무 부처 장관의 답변을 바라보는 그의 표정을 담느라 여러 장을 찍었다. 표정이 많은 말을 할 수 있다는 걸 실감했다. 수많은 거짓과 왜곡과 회유와 협박의 시간이 지나갔고, 얼마간의 진실이 겨우 드러났다. **국정감사 '출석 사유'. 120**

추석 앞이라고 도로에 차가 많았다. 길이 막혀 끼니때를 놓쳤다. 이게 다 먹고살자고 하는 짓이라고 식당을 찾아들었다. 평택 칠괴산업단지 인근 중국요릿집 '중국성'엔 사람이 붐볐다. 주방 한편에서 탕탕 면을 치대는 소리가 끊김 없다. 음식은 손맛이라더니, 거기 수타면 쫄깃한 식감이 일품이었다. 짜장면을 기다리며 손님들은 귀성 계획과 선물 목록과 명절 전 증후군 따위를 얘기 나눴다. 먼저 나온 탕수육을 반겼다. 젓가락 부지런히 놀렸다. 멀지 않은 곳 자동차공장 정문 앞 낡은 천막에서 쌍용차 해고자 김득중 씨가 가만 앉아 오래도록 밥을 굶었다. 한 달이 가깝다. 커다란 물류 트럭이 매연 뿜고 지났다. 티볼리라던가, 세련된 눈매 뽐내는 소형 스포츠 유틸리티 차량도 그 앞을 분주히 오갔다. 뒷자리 동료들은 눈치껏 컵라면을 먹었다. 농성장을 찾은 가족대책위 엄마는 "교섭위원이 왜 교섭은 안 하고 천막에 누워 있느냐"고 타박했다. 명절에 시댁 안 가게 돼서 되레 좋다며 웃었다. 그래도 아쉬울까 봐 조합원들 위해 샴푸 선물 세트 작은 걸로 50개를 준비했다고 전했다. 휴대폰 슬쩍 들어 부쩍 야윈 사내의 뒷모습을 사진에 담았다. 거기 등에 새긴 '공장으로 돌아가자'는 문구가 바랠 대로 바래 흐릿했다. 2015년 9월 인도로 원정 투쟁 떠난 동료들은 돌아올 날을 기약하지 않았다. 해결될 때까지라고만 했다. 단식도 무기한이라고 현수막에 새겼다. 날짜 칸을 비워뒀다. 셈하는 일만 남았다. 철판과 쇠사슬 따위로 만든 동료의 영정에 녹이 잔뜩 슬었다. 그 옆자리 김득중 씨가 가끔 웃었고, 때때로 찡그렸다.

김득중 쌍용자동차지부장이 평택공장 정문 앞 단식 농성장에 앉아 있다. 팔은 그 앞 낮은 책상에 기댔다. 등이 굽었다. 드나드는 차와 오가는 사람을 바라보고 있다. 민족의 명절 추석이 또 한 번 돌아왔으니, 나는 마음이 뒤숭숭해진다. 기차표야 진작 예매해뒀고, 부모님 집엔 내 입에 맞는 맛있는 음식도 많을 테니 아무 걱정이 없다. 어디 길에 비닐집 짓고 한뎃잠 자는 사람과, 높이 올라 내려오지 않는 사람과, 기약 없이 밥 굶는 사람 생각이 그즈음이면 든다. 일종의 직업병이 아닐까 싶다. 거둔 것이라고는 없어도 추석, 고향집 향하는 마음이야 그들도 매한가지일 테다. 찾아갈 곳 달리 없는 사람도 대이동 행렬에 슬쩍 끼어들어 어디론가 떠나고 싶어지는 철이다. 음식이야 매일 먹는 것이지만 추석엔 좀 특별한 걸 먹어야 할 것 같기도 하다. 짜장면만 먹던 사람들은 호기롭게 탕수육 대짜를 주문한다.
곡기 끊고 앉아 버티는 사람에게도 추석은 돌아왔다. 해고 이후 몇 번째 명절인지 셈하는 게 점점 어려워질 때였다. 뒤늦

게 효자 노릇한답시고, 나는 추석이면 엄마 아빠 집에 간다. 조금 앞서 농성장에 찾아갔다. 단식 농성이 새로울 것도 없어 김득중 지부장은 뭐든 익숙한 모습으로 말라갔다. 좀 괜찮으냐는 뻔한 질문은 하지 말았어야 했다. 카메라 메고 노동조합 사무실이며 그 앞 단식 농성장을 이리저리 둘러봤다. 가족과 동료들이 농담을 건네는데, 농담이 아니었다. 한바탕 웃는데 또 그게 웃는 게 아니었다. 말끝이, 웃음 끝이 썼다. 소금을 입에 털어 넣고는 김지부장이 표정을 찡그렸다. 물을 자주 마셨다. 철판과 쇠사슬로 만든 조형물 틈으로 살폈다. 슬쩍 웃기를 기다려 찍었는데, 웃는 사진은 없었다. 농성도, 원정 투쟁도, 해결책 마련도 기약 없을 때였고, 동료의 영정만 늘어나던 시절이니 그 주변 공기가 무거웠다. 그는 2019년 7월, 마지막 복직자 명단에 이름을 올렸다. 10년 만의 일이었다. 지금도 그를 길에서 만난다. 여전히 풀리지 않고 있는 손해배상 가압류 문제 때문이다. **기약 없다.**

200

길에 선 엄마는 그 손 놓지를 못해 연신 허리 굽혔다. 광화문 네거리 횡단보도 앞 짧은 만남. 손인사 건네니 쭈뼛거리던 아이가 제 엄마 품을 찾아 얼굴을 비볐다. 좀 컸다고 형은 뒷자리 지켜 동생을 감쌌다. 노란 옷 엄마가 다가와 슬며시 손잡고 놓지를 않았다. 작은 손을 만지작만지작, 허리 숙여 그 뽀얀 얼굴을 오래도록 살폈다. 눈에 넣었다. 주렁주렁 눈물 많던 엄마 얼굴에 웃음 번졌다. 아이만 보면 좋아서 물고 빨고, 영석이 엄마는 많이 웃다가 금방 울었다. 남의 집 자식을 품에 끼고 그랬다. 천 일이 가깝다.

노란 점퍼 차림 엄마 아빠와 차마 눈 마주칠 수가 없어 나는 카메라 뒤로 자주 숨었다. 수시로 왈칵 터지는 그 눈물을 사진에 담는 일도 버거워 카메라 내려두고 멍하니 지켜보기를 반복했다. 눈에 힘을 잔뜩 주고 버텨도 무너지기 일쑤였다. 눈 감으면 물 흘러 뺨을 적셨다. 그런 날이면 저녁밥을 짓다 말고 어린 딸아이를 꼭 안고 볼을 비볐다. 아빠가 지켜줄게, 귀엣말을

전했다. 아이의 반찬 투정도, 온갖 짜증도 다 품어 넘겼다. 잠든 아이 곁에 누워 그 얼굴을 오래도록 살폈다.

공감하는 일이 그 어떤 사진 기술보다 중요하다고 어느 앞자리에서 말했는데, 말이 참 쉬웠다. 살았으니 마르지 않는 샘처럼 솟던 눈물 말고 다른 그림을 보고 싶어 꽤 오래 서성거렸다. 지금은 천막 사라진 광화문 세종로 사거리 횡단보도를 하루가 멀다고 건넜다. 어느새 부쩍 큰 딸아이가 옆에 앉아 더듬더듬 책을 읽는다. 진상 규명이 여태 멀었다고 사람들은 말한다. 세월호 5주기 행사 알림 글이 페이스북에 자주 보인다. 가방에 달린 노란색 리본이 다시 보인다. **그 손 놓지를 못해. 56**

된더위가 길었고, 빗줄기가 주룩 죽 또 길었다. 젖은 폐지는 무거웠고, 유모차 밀던 할매 한 발짝이 따라 무거웠다. 어느 골목 미끄러운 비탈을 오르다 넘어져도 오뚝이처럼 일어나 할매, 삼선 슬리퍼 바닥이 닳도록 바삐 헤매었다. 부지런 떨지 않고는 허탕이다. 찌글찌글 고철이며 소주병, 맥주병 찾아 영등포시장 골목을 돌았다. 돌고 돌아 유행 탄 꽃무늬 몸빼에 조끼 걸치고 챙 넓은 선캡을 잊지 않아 척 봐도 그건 할매 스타일. 끼익 끽, 제 몸 닮아 삐걱대는 유모차 앞세워 밥벌이 나섰다. 잔뜩 짊어진 날이면 할매, 동네 쌀 상회 들러 쌀팔아올 테지. 밥 지을 테지. 기어코 또 한 끼니 징글징글 주린 속을 채우겠지.

노인이 유모차를 밀고 있다. 그 위에 폐지와 고철이 담겼다. 시선은 쓰레기와 재활용품 놓인 길가를 향했다. 허리가 굽고 발걸음이 느렸다. 2012년 8월 오래된 상점 뒤쪽으로 새로 지은 아파트 단지가 보인다. 서울 영등포시장 인근은 지금 개발이 한창이다. 낡은 소규모 공장과 상점 있던 자리엔 어느새 말끔

한 새 아파트가 높다. 그 대비가 아찔하다. 그 일대를 돌며 오래도록 폐지와 고물 줍던 노인은 오늘 또 골목을 걸어 폐지를 싣는다. 한때 민주당 당사가 있던 곳이라 종종 갈 일이 있었다. 돌아오는 길에 그 동네 풍경이 인상 깊어 이리저리 구도 잡아가며 그 아찔한 차이를 담아보려고 했는데, 사람 한 명 지나지 않아 아쉬웠다. 저쪽에서 잘 굴러가지도 않는 찌글찌글한 유모차 밀고 노인 한 명이 다가왔으니 지나기를 기다렸다. 허리 더 굽고 발걸음 힘겨워 보이기를 바랐다.

　사진기 뒤에서 나는 자주 가난 혹은 고난을 그저 소재 삼기에 바쁘다. 지독한 가난을 몰랐지만, 중산층이 뭔지를 겪어볼 기회도 없었으니 나는 공감할 자격이 있다고 생각했던 모양이다. 지금 생각하면 부끄럼이 깊다. 그저 저기 꾸부정한 노인의 발걸음이 내 시선을 끌었다고 해둔다. 그런 모습에 눈길이 자주 가는 건 어쩔 도리가 없었다. 언젠가 쏟아지는 빗길에서 리어카 한가득 폐지며 고물 싣고 가던 노인을 한 시간여 뒤따른 일이 있었는데, 끝내 말을 걸지는 못했다. 그저 내 추측과 불쑥 차오른 연민에 알맞은 장면이 더욱 극적이기를 바랐던 것이었다. 저 멀리 최빈국에서 먹을 것이 없어 바짝 마른 아이들의 사진과 영상을 보면서도 나는 속이 복잡해진다. 뭘, 어떻게 찍어야 하는지를 여태 모르겠으니 사진은 갈수록 어렵고 내 사진첩은 나날이 가볍다. 폐지 줍는 노인을 하루에 수십 명도 넘게 마주치니, 어느 순간 그런 고민도 무뎌져간다. 연민의 시선 이상이, 무언가를 찾는 과정이 제법 고되다. 피할 수는 없는 노릇이니 글이라도 남겨 다짐으로 삼는다. 저기 밥벌이 짐수레 미는 늙은 할매나, 사진기 든 나나, 한 발짝 나아가기가 참 쉽지 않다. **쌀팔러 나선 길. 23**

밀고 보니 머리통이 닮았다고, 그건 하나같이 반골의 모
양새라며 누군가 농담했다. 허허, 평화로이 웃음 짓던 사람은
문정현 신부였다. 울먹이는 사람들 가만 안아 위로하던 사람은
문규현 신부였다. 제주 강정 앞바다 된바람 맞아 버티던 사람
들, 2012년 11월 서울 여의도 칼바람 길 한가운데 섰다. 잘라
낼 머리칼도 많지 않아 금방이다. 김득중 금속노조 쌍용자동차
지부 부지부장이 죄 많은 이발기를 잡았다. 여기저기 눈물바다.
두 신부는 머리칼보다 강정 앞바다, 해군 기지 예산을 삭감하
라며 삭발했다. 돗자리 한 장 깔고 그 자리 털썩 앉아 단식 고
행에 나섰다. 다시 보니 머리통이 그 앞 민의의 전당 뚜껑을 똑
닮았다.

문정현 신부를 비롯한 기자회견 참석자들이 삭발하고 나
란히 서 있다. 시선은 그 앞 기자를 향했다. 국회 정문 앞이다.
'거뭇한 피부' 같은 말로는 그 얼굴 모습을 온전히 표현할 수 없
었다. 어디 여름 휴가라도 다녀와 새카맣게 탄 사람의 얼굴빛

이 아니다. 구릿빛도 아니었다. 그저 오랜 시간 밖에서 검게 탄 피부가 겹겹이 쌓인 느낌이었다. 머리칼보다 풍성했던 턱수염은 그 바람에 더욱 희게 보였다. 길 위의 신부, 사람들이 문정현 신부 앞에 붙이는 표현이다. 고통받는 사람 곁 낮은 자리가 그의 교회고, 집이었다. 해군 기지 건설에 반대하는 제주 강정 마을 주민 곁을 지키느라 그는 제주에 살았다. 거기서 오래 싸웠다. 기자회견과 삭발 농성 때문에 잠시 서울 국회 앞을 찾았다. 싸움 나선 사람의 독한 표정을 잠시 기대했던 나는 회견 앞뒤로 넉넉한 웃음 짓던 그를 보고 놀라기도 했다. 곧 익숙했다. 돌이켜보니 그는 사람들 앞에서 늘 한결같은 표정을 가졌다. 그런데 어느 집회 앞자리에서 마이크 잡아 포효하던 모습도 더없이 그다웠다. 송전탑 싸움 나선 밀양에서, 미군 기지 싸움하던 평택 대추리에서, 사드 반대 싸움하던 성주에서, 제주 강정 마을에서, 용산 남일당에서, 또 어디 노동자들 쥐어터지던 자리에서 그는 불같았다. 경찰 방패를 등받이 삼았다.

기자회견과 삭발식이 끝나고도 한동안 자리 뜨지 않고 문 신부의 사진을 찍었다. 그렇게 사진으로 남겨둬야 할 것 같은 사람이 종종 있다. 김득중 당시 쌍용차지부 부지부장이 이발기를 잡았던 것도 인상적인 장면이었는데, 두 신부가 나란히 한곳을 바라보고 선 모습을 골랐다. 저 나이가 되면 얼굴에 그 지나온 삶이 다 드러난다고 한다. 얼굴 찍은 사진에 어떤 힘과 감정이 드러난다면 그건 대부분 피사체의 몫일 테다. 나이 들어 나는 사진 속에서 어떤 표정을 짓고 있을까를 생각해보게 된다. 문정현 신부는 최근 전북 군산에 문화 공간 '평화바람 부는 여인숙'을 차렸다. 지금은 또 제주2공항 저지 싸움에 나서 길에 머문다. **두 신부 일체 고행. 200, 50**

패턴은 흥미롭다. 그러나 그 패턴이 깨지는 모습은 더 흥미롭다고 어느 유명 사진가는 팁을 전했다. 발 디딜 틈 없던 조계사 입구에서 나는 사다리 하나 겨우 세운 채 한상균 위원장을 기다렸다. 경찰에 자진 출두하겠다고 밝힌 날이다. 그를 체포하기 위한 경찰 병력이 며칠 전부터 주변에 많았던 데다 기자들이 몰렸다. 꼼짝할 수 없을 정도였으니 그림은 이미 어느 정도 정해졌다. 그게 최선일지 고민했지만 별다른 수도 없었다. 한위원장이 걸어 나왔고, 그를 기다리던 동료들이 '비정규직 철폐' 같은 구호를 외쳤다. 경찰이 곧 주위를 둘러쌌다. 호송차를 향해 걸어 내려왔다. 시선이 갈렸다. 경찰은 호송차 방향 앞을 살피며 걸었고 한위원장은 고개 바로 들고 그 앞에 거대한 장막처럼 선 기자들을 바라봤다. 고개 숙이지 않을 것이라고 예상했던 일이다. 셔터를 연신 눌렀다. 실은 연속 촬영이었다. 누군가는 고개 숙인 채 잡혀가는 초라한 모습을 찍기 위해 애썼을지 모르겠다. 그는 그 길 걷는 내내 고개 들고 입을 굳게 다물었다. 출두를 앞두고 신중히 골랐을 머리띠엔 비정규직 철폐 구호가 담겼다.

　　한위원장에게 경찰이 적용한 혐의는 일반 교통 방해, 해산 명령 불응, 금지통고 집회 추진, 특수 공무집행방해 치상 등이다. 당시 경찰은 군사독재 시절에나 적용되던 '소요죄' 혐의를 한위원장에게 적용하겠다고 밝혀 논란을 키우기도 했다. 체포 작전은 대테러 작전 펼치듯 요란스러웠다. 당시 대통령은 직접 나서 시위대를 IS에 빗대기도 했다. 불법 폭력 집회 엄단 엄포가 잇따랐다. 2015년 11월 14일 박근혜 정권의 소위 노동 개혁과 역사 교과서 국정화에 반대하고 세월호 참사 진상 규명을 요구하며 길에 나선 사람들은 테러리스트가 됐다. 그날 백남기 농민이 경찰 물대포에 맞아 쓰러졌다. 최루액 지독해 도저히 눈 뜰 수 없던 거기 아수라장에서 빈틈없이 서 있던 경찰 차벽에 기대어 나는 카메라 렌즈를 겨우 닦았다. 물대포는 곧바로 사람을 향했다. 이러다 누구 하나 죽겠다고 생각했는데, 정말 그렇게 됐다.

한상균 위원장은 쌍용차 해고자였다. 2008년 금속노조 쌍용차지부 지부장이 됐다. 2009년 77일에 걸친 평택공장 점거 파업을 주도한 혐의로 3년형을 선고받아 2012년 8월까지 복역했다. 출소 후에 쌍용차 해고자 복직 문제 해결을 촉구하며 171일간 송전탑 고공 농성을 했다. 2014년 직선제로 치러진 선거에서 민주노총 위원장이 된 그는 2015년 11월 민중총궐기 집회를 주도했다는 이유로 수배 생활을 하던 중 조계사로 피신했다. 이후 징역 3년 형을 선고받고 수감 생활을 하다 2018년 5월 가석방으로 출소했다. **고개 바로 들고. 123**

숨죽인 수십여 분 끝자락에 주문이 나왔다. 파면! 팔수록 쏟아지는 참상 앞에 오래도록 참담했던 사람들이 비로소 웃고 또 울었다. 차벽 너머 태극기 쥔 사람들은 기자를 때렸다. 철제 사다리로 내리치고 발로 밟았다. 카메라를 빼앗아 갔다. 거기 달린 노란색 리본을 떼서 먹으라고 입에 들이밀었다. "제발 알려주세요, 왜 죽었는지. 그거 하나만 알려달라는데, 왜 내 새끼 죽였는지 그것만 알려달라는데, 왜 우리만 안 돼요. 왜." 차벽 앞에서 예은 아빠가 물었다. 지켜보던 사람들이 꺼억 꺽 울음을 먹었다. 물대포에 쓰러지고 최루액에 울던 그날에도, 한겨울 광장에서 벌벌 떨어가며 촛불 들던 그 많은 날에도 사람들은 왜냐고 묻고 또 물었다. 답이 아직 멀었다. 4월이 또 한 번 가깝다. 시간이 걸리겠지만 진실은 반드시 밝혀질 것이라고 파면된 전 대통령은 말했다. 환하게 웃으며 집에 갔다. 답을 찾지 못해 죄 많은 사람이 오늘 눈부신 봄볕 아래 무거운 돌덩이 하나씩을 가슴에 품고 산다.

서울 안국동 헌법재판소 인근 교차로에 모인 사람들이 박근혜 전 대통령 탄핵 심판 선고를 듣고 있다. 시선은 그 앞 생중계 화면을 향했다. 두 손은 모았다. 발을 동동 구르기도 했다. 기쁜데 왜 우냐고 어린 아이가 물었다. 너도 크면 알게 될 것이라고 둘러대고 말았다. 설명하기가 어려웠지만 내게도 익숙한 일이었으니 짐작할 따름이다. 웃기기는 쉬워도 울리는 건 어렵다고 오래전 마당극 하면서 주워들었다. 차곡차곡 감정이 쌓이다 임계점을 넘으면 눈물이 터진다고 하더라. 대통령에 대한 탄핵 심판 선고를 듣던 사람들은 자주 눈이 붉었다. 주문 끝에 환호하고 옆자리 사람과 얼싸안기도 했지만 뒤돌아 눈물 훔쳤다. 참담했던 사고를 떠올려야 했을 테다. 광장의 촛불과, 물대포와, 온갖 악다구니와 막말 따위가 주르륵 떠올랐을 테다. 곧 쏟아질 듯 울음 참는 사람 표정은 일그러지게 마련이다. 한쪽 눈 질끈 감고 울기 직전의 모습을 찾아 뷰파인더를 뒤졌다. 눈이 마주쳤다. 보통 시선을 피하거나 카메라를 돌리곤 하는데 가만 버텼다. 말없이 짧은 대화를 나눈 기억이다. 그 자리 누구나가 묘한 연대감을 나누고 있었던 것 같다. **눈물, 바다. 155**

언젠가 엄마가 영화표를 한 장 줬다. 노동조합에서 나온 거라고 했다. 어느 공장 식당에서 밥 짓는 일 했던 엄마는 으레 그회사 직원이었고, 노동조합 조합원이었다. 알게 뭐람, 공짜라면그저 좋아 혼자 극장으로 내달렸다. '아름다운 청년, 전태일'이었다. 속에서 뜨거운 것이 올라와 종종 버거웠다. 돌아와선 재밌었다고만, 엄마에게 말했다. 자율적이지 않던 고교 야간 자율학습시간, 구석진 뒷자리에 앉아 책을 봤다. 눈초리 매섭던 감독 선생님이 기척도 없이 다가와 툭툭 쳤다. 교과서나 문제집이 아니었으니 철렁했다. 당구봉 들어 책을 살핀 선생님은 독후감을 써오라고 했다. 그게 뭐라고 6개월을 엉덩이 맞아가며 미루고 버티다 종이 한 장을 채워 냈다. 수업 시간에 앞자리 나가 읊었다. 〈전태일 평전〉이었다. 오래전 일인데 내게는 여전한 일이다.

엄마는 해마다 이맘때면 내게 전화해 안부를 물었다. 노동자대회는 자주 길에서 격렬했으니 카메라 든 자식 걱정이 컸을테다. 지난해와 올해엔 연락이 없었다. 배추 뽑고 절이느라 바빴다고, 손목이며 허리 여기저기가 아프다고 엄마는 푸념했다. 빌

딩 청소 용역 일을 진작에 그만두고도 늙은 엄마 일이 끝없다. 또 하나의 노동자대회가 끝나는 대로 내려가 김장을 돕겠다니, 힘든데 오지 말란다. 바쁜데 어딜 오냐고. 그런데 아빠도 이젠 다 늙어 무 뽑고 뭐 하느라 아프단다. 올 거면 조심해서 오란다. 엄마 좋아하는 달달한 크림빵을 사 들고 가야겠다. 2018년 전태일 48주기 추도식이 열린 모란공원 이소선 여사 묘소에 크림빵이 올랐다. 근로기준법을 준수하라, 내 죽음을 헛되이 말라던 열사의 외침이 현재 진행형이라고 거기 모인 사람들이 말했다.

모란공원 봉분 앞에 선 사람들이 손을 가지런히 모았다. 발은 풀밭에 있다. 눈은 봉분 앞 흉상이며 표지석을 향했다. 전태일 기일은 가을 끝자락이니 모란공원 무덤엔 풀이 누렇게 누웠다. 이소선 어머니의 묘소 위에 크림빵이 올랐다. 열사의 동생 전태삼 씨가 매년 빵을 챙긴다. 쌍용차 희생자 분향소에서도 볼 수 있었다. 전태일은 굶주린 어린 시다(미싱 보조)들에게 주머니 털어 풀빵을 사 먹였다. 차비가 없어 걸어 다녔다. 근로기준법을 준수하라며 분신 항거했다. 마지막 남긴 말은 "엄마, 배가 고프다"였다. 엄마는 아들의 영정을 품고 섧게 울었다. 그의 유지를 밝혀 남은 생을 억척같이 살았다. 하나 되세요, 틈만 나면 사람들 앞에서 말했다. 모란공원 아들 옆자리에 누웠다. 사람들이 때마다 그곳을 찾아 풀을 고르고, 어머니 생전 남긴 말을 곱씹는다. 여전한 현실과 나아갈 길을 묻는다. 나는 그 자리에서 내가 찍어야 할 사진이 무언가를 묻는다. 거리와 공장, 그 숱한 싸움터에서 나는 종종 혼란스러웠지만, 그럴 때면 나는 전태일을, 아니 그가 나눈 풀빵을 생각하곤 했다. 등대로 삼았다. 깊은 밤바다 위 짙은 안개처럼 자욱한 노동에 대한, 노동조합에 대한 오해와 혐오와 불신과 편견 따위가 걷히길 바란다. '노동 존중' 구호가 사라지길 희망한다.

2019년 봄, 서울 청계천로에 '아름다운청년 전태일기념관'이 문을 열었다. 풀빵 나누던 전태일의 마음을 엿볼 수 있는 공간이다. 이리저리 각도를 바꿔가며 찍다 보니 풀이 붉었다. 역광이다. 봉분이며 표지석 정보를 담을까도 했는데, 풀과 빵이면 족하다고 생각했다. 별것도 아닌 장면에 꽂혀 추도식 시작하는 줄도 모르고 사진을 찍었다. **풀, 빵. 90**

이른 아침상에 조각 케이크가 올랐다. 초 꽂느라 신난 아이는 저도 다 안다는 듯 성냥을 아빠에게 양보했다. 애써 끓인 미역국은 먹지 않겠다고 우겼다. 계속되는 야근에 아침잠이 간절했던 엄마는 허탈했다. 4년 전 일이라며 페이스북이 끄집어낸 사진 속에 눈도 못 뜬 갓난아기가 포대기에 싸여 있었다. 5월 18일이었다. 예정일이 5월 16일이었는데 아이가 늑장을 부렸다. 5·16부터 5·18까지 온전한 진통 속에 보냈다. 부모는 그게 참 다행이라고 여겼다. 쿠데타의 날보다는 항쟁의 날이 새 생명 탄생을 기념하기에 좋다고 생각했다. 무럭무럭 자라 아이는 오늘 사람 꼴을 제법 갖췄다. 노래도 곧잘 부른다. 애창곡은 '이게 나라냐'다. 지난 촛불 광장의 행진곡이다. '어둠은 빛을 이길 수 없다'는 또 다른 노래도 목록에 든다. 아빠는 함께 부르며 광장의 기억을 곱씹었다.

2017년 5월 18일 오늘 새삼 달라진 것들을 꼽아본다. 아이의 생일날, 오래된 행진곡이 광주 망월동 묘역에 울려 퍼졌고, 사람들이 많이 울었다. 오늘 일이라며 사람들이 페이스북에

퍼 나르는 사진 속에서 눈 벌건 대통령이 생일날 아빠를 잃은 유가족을 안았다. 이제 겨우 광주항쟁 이후만큼을 살아낸 아빠는 딸아이 생일날 눈이 자꾸 붉었다. 묵은 사진을 꺼내 살폈다. 유가족이 정부 행사에 발길 돌렸던 9년 전 광주의 기억을 곱씹었다. 뛰놀다 하품하던 아이가 엄마 따라 절을 했는데 아차, 방향이 달랐다. 망월동 이용석 노동 열사 묘 앞이다. 오늘 달라야 할 것들을 꼽아본다.

엄마와 함께 망월동 묘역을 찾은 아이가 절을 하고 있다. 손을 짚고 고개를 땅 가까이 숙이고 있다. 어른과 방향이 달랐다. 한 방향으로 절하는 모습 패턴이 있고, 패턴이 깨지고 있다. 한동안 5·18 묘역은 시위의 장이었다. '임을 위한 행진곡' 제창 같은 논란도 잦았다. 촛불 이후의 광주 묘역은 어떤 모습일까, 뭐가 다를까, 사람들 관심이 몰렸다. 그간의 패턴이 깨졌다. 전과는 다른 그림이 페이스북 따위 소셜 네트워크 서비스를 타고 전파됐다. 아이의 생일이기도 했으니 아빠는 해주고 싶은 말이 많았다. 아직 어려 좀 미루기로 했다. 잊지 않으려 글로 남겼다. 두루 나눌 부분도 있어 보여 지면에 태웠다. 살짝 우스꽝스러운 장면인데, 마냥 진지하자면 또 숨이 턱턱 막힌다. 블랙코미디가 그런 장르일까. 더 많은 유머가 담겨 내 무뚝뚝한 잿빛 사진도 좀 달라지기를 바란다. **다른 그림 찾기. 70**

까치발 들어 빼꼼 살피지만 안 보인다. 제일 좋은 자리는 빈틈없다. 뒤늦은 사람들 겨우 뒤쪽 화단 턱에 올라 목 빼고 기다린다. 구경났다. 일사불란, 총 든 군인이 행진하고 장갑차와 탱크가 뒤따랐으니 그것은 과연 큰 구경이었다. 안 보여도 그 자리 오래 지켜 선 이유다. '안보가 제일'이라고 적힌 현수막이 그 거리 빌딩 벽을 뒤덮었다. 방송 생중계 소리 요란했다. 최신 무기의 우수성을 널리 알렸다. 거기 한편 유리벽에 매달린 사람들 줄 타는 솜씨가 또한 구경할 만했다. 안전제일이라고 노란색 표지판을 그 아래 세워뒀다. 안전모와 안전띠를 빈틈없이 챙겼더라. 안전보장, 그것이 늘 문제다. 어려운 숙제다.

길 가던 시민들이 화단 턱에 앉고 선 채로 2013년 국군의 날 퍼레이드를 지켜보고 있다. 줄에 매달린 노동자들이 건물 외벽에서 작업하고 있다. 도로 가까운 곳에는 구경 인파가 몰려 빈자리가 없었다. 안보가 제일 중요한 문제라고 당시 대통령이던 박근혜 씨는 말했다. 그 계보를 이어온 정치 세력의 주요 레

퍼토리 중 하나다. 오랜 전통이다. 안전보장, 즉 외부의 위협이나 침략으로부터 국가와 국민의 안전을 지키는 일은 진영과 정파를 떠나 참으로 중요한 일이 분명할 텐데, 내심 아니꼬운 생각이 들기도 한다. 거기 그늘에 가려 온전히 자라나지 못한 노동권이며 시민권을 떠올리면 그렇다. 튼튼한 안보를 위한 일은 한때 고문과 조작과 온갖 일상적 폭력을 정당화했다. 반대 의견을 덮는 마법의 단어로 쓰였다. '가짜 안보'였다. 그러는 동안 보여주기식의 쇼가 흥했다. 신형 무기와 장갑차와 총 든 군인 앞세운 퍼레이드는 그중 백미였다.

국군의 날에 나는 서울 남대문로부터 시청 앞 광장까지를 다니며 사진을 찍었다. 화려했던 무가의 행진 모습은 걸렀다. 구경 나선 시민의 다양한 모습을 찍느라 작은 렌즈 하나 끼고 움직였다. 어디든 길에 흔한 '안전제일', 전통의 문구가 그날따라 좀 달리 보였다. 안전을 보장하는 일, 그것은 노동의 현장에서 자주 구호에 그친다. 사고는 끊임없고, 책임은 아래로만 흘렀다. '작업자의 안전 불감증' 레퍼토리가 흔해빠졌다. 안전을 보장하는 데엔 돈이 든다. 그러니 '가짜 안전'이 판을 친다. 그 길 끄트머리 즈음 대한문 앞에서는 쌍용차 해고자가 수십의 영정 사진 옆에 세워두고 캠페인을 하고 있었다. 철거된 분향소 천막 자리엔 말끔한 화단이 들어섰다. '해고는 살인'이라고 조끼에 적었다. 그도 국적을 가졌다. 국민의 생명, 안전이 위태롭다고 나는 생각했다. **안전이 제일. 19**

꼭 3개월 만이다. 30여 년을 꾸준히 찾았다. "나 하던 데가 좋다"고 할머니는 말했다. 버선에 고무신 차림이었다. 티눈 때문에 아프다고 하니 손녀가 사 왔단다. 자식 손주 자랑이 그때부터 길었다. 여든여덟, 할머니는 곱게 늙었다. 꼭 39년이라고. 스물한 살 때 안순자 씨는 서울 마포에 미용실을 열었다. 당돌하고 꿈 많던 아가씨는 오랜 단골 뒷자리 앉아 같이 늙었다. 볼품 없다며 할머니 뒤로 자꾸 숨었다. 다녀간 사람 누구, 저이들 기억을 술술 풀었다. 가위질 말고는 바쁠 것도 없어 그 사연이 또 하염없이 길었다. 멀리 안암동에서 찾아온 단골이 맞장구를 척척. 추임새도 빼먹지 않아 이야기는 판소리마냥 흘렀다. 낡은 액자, 흐릿한 거울, 먼지 낀 장식까지 애틋한 사연 저마다 지녀 버릴 것 하나 없었다. 떠나려니 먹먹하다고 했다. 주인장은 재개발이 반갑지 않았다. 아파트라던데, 여윳돈 4억 원이 그에겐 없었다. 빌릴 곳도 없었다. 먼저 쫓겨난 단골이 한숨을 쉬었고 서걱서걱 가위질 소리만 미용실에 남았다. 적막도 잠시. 누구는 대기업에서 돈을 많이 받았다더라, 강남에서 비싼 월세 내고 산다더

라, 또 뭐라더라 말이 돌았다. 집 샀다는 대통령 아들 얘기도 잠깐, "누구든 그저 살림 잘 챙기는 사람이 돼야지"라고 여든여덟 할머니는 말했다. 맞장구 추임새 쩍쩍 붙어 선거 얘기가 또 판소리처럼 흘렀다. 2011년 10월 어느 늦은 오후, 서울 마포구 용강동 진미용실 풍경이다. 커트는 5000원, 파마는 3만 원이다. 단골은 파마 5000원을 깎아준다.

미용사가 손님의 머리를 손질하고 있다. 자리 앉은 손님은 거울을 통해 자신을 보고 있다. 가게 문은 열려 있다. 벽시계는 오후 4시 30분을 가리키고 있다. 볕이 좋아 골목을 떠돈다. 저기 문 열린 미용실에 백발의 할머니 손님이 앉아 있다. 낮은 볕 들어 빛났다. 나는 멀찍이서 바라본다. 종종 카메라 들어 찍는다. 도둑 촬영이다. 시계를 본다. 마감 시간이 멀지 않다. 그러나 놓치고 싶지 않은 장면이다. 무작정 미용실에 들어가보기로 한다. "안녕하세요, 할머니. 머리하시는 모습이 너무 보기 좋네요." 이런저런 시답잖은 농담을 건넨다. 칭찬 위주다. 할머니 주름진 얼굴에 웃음이 번진다. 미용사 사장님도 맞장구치니 거기 미용실 전통의 동네 사랑방답게 수다가 끊김 없다. 한참을 말 섞고 나서야 슬쩍 카메라를 든다. 모델 요청을 웃으면서, 그러나 정중하게 한다. 그쯤 되니 안 될 일이 뭔가. "다 늙어 볼품없는 걸 찍어 뭘 하냐"고 할머니 손님 말하는데 싫지 않은 기색이다. 해가 다 넘어가도록 미용실에서 놀았다. 수다가 8할, 툭툭 사진 찍은 게 나머지다.

사진은 관계를 드러낸다고 어느 앞자리에 서서 말한 적 있다. 그게 참 어려운 일이라고도 덧붙였다. 마감 시간에 쫓기다 보면 더욱 그렇다. 그러나 애써 상기하고 곱씹을 문제다. 천성이 수줍음 많은 나는 자주 고민만 하다 그림을 놓치곤 했다. 한마디 건네고 대화를 시작하는 게 좋은 사진의 시작이라고 매번 다짐하지만 우물쭈물하다가 망친다. 나이를 얼마간 더 먹고는 얼굴이 좀 두꺼워지는 것도 같아 아직은 희망적이라고 생각한다. 넘어가는 볕 눈부신 가을날, 사람 사는 골목을 떠돌 생각을 해보니 오만상 찡그린 채 살던 내 얼굴에도 슬쩍 웃음이 번진다. 용기도 조금 솟는다. 두어 달 뒤 다시 찾아간 그 골목에 미용실이 없었다. 재개발 예정지였다. 사진은 사라져가는 것을 기록하는 강력한 도구 중 하나다. **서울 마포구 용강동 진미용실. 148**

삐뽀삐뽀 구급차 황급히 빗길을 내달렸다. 비릿한 흙냄새 덕수궁 돌담 넘어 흐릿했다. 비상등 깜박이며 길가에 차 한 대 일행을 기다렸고, 비틀거리던 취객이 택시 잡아 떠났다. 비가 왔다. 비닐천막 한 동이 덩그러니 돌담에 기댔다. 비슷한 처지 몇몇이 비좁은 자리를 지켰다. 비밀처럼 거기 스물둘의 영정이 가지런히, 비명횡사 비참한 사연을 전했다. 노랗고 붉은 촛불이 간신히 살아 거기를 밝혔다. 비질하던 상주가 조문객을 맞았다. 우비도 없이 맴돌았다. 방명록을 잊지 않고 권했다. 비망록을 남겼다.

사람들은 손으로 우산대를 쥐고 있다. 상복을 입은 해고자는 손 들어 머리를 쓸고 있다. 바닥이 젖었다. 미끄러웠다. 서울 대한문 앞 쌍용자동차 희생자 분향소 앞이다. 분향소 천막이 한 동 돌담에 붙었고, 사람이 많지 않았다. 옆으로 선 조화가 아직 싱싱했으니 분향소 꾸린 지 얼마 안 되었을 때다. 해고된 동료들이 속수무책으로 죽어나갔으니, 쌍용차 평택공장 정문 앞에는 한동안 향내가 진동했다. 그 앞 노동조합 사무실엔 영정과

온갖 제기가 쌓여 있었다. 더 이상의 죽음을 막자고 해고자들은 2012년 4월 대한문 앞에 분향소를 짓고 버텼다. 비가 왔다. 우산 쓴 사람들이 분향소 앞을 지났다. 우산도 없이 터벅터벅, 상복 입은 사람이 천막을 향했다. 우산 사이에 들기를 기다렸다. 머리의 빗물 터느라 손 올리는 순간을 노렸다. 문기주 노동조합 정비지회장이었다.

분향소 천막은 점점 넓어졌고, 낡아갔다. 그 옆으로 현수막이 늘어났고, 선전물이 길 따라 섰다. 그러나 해결의 실마리만큼은 찾아볼 수 없었다. 죽음이 이어졌다. 저기 분향소 지키던 문기주 씨는 그해 겨울 평택공장 인근 송전탑에 올라 고공 농성을 시작했다. 한상균 전 지부장과 함께였다. 그는 116일을 거기서 살았다. 이듬해 대한문 앞 분향소는 강제 철거됐다. 그 자리엔 꽃과 나무가 자라는 화단이 들어섰다. 그곳이 박근혜 정권의 무덤이 될 것이라고 철거 막던 해고자는 외쳤다. 죽음은 계속됐다. 기어코 서른 명의 이름을 분향소에 올렸다. 비망록 페이지가 훌쩍 늘었다. 상복에 향내 빠질 틈이 없었다. 문기주 씨는 어느 날부터 카메라 들고 이런저런 현장을 다니기 시작했다. 사진으로 비망록을 남기는 것이라고 생각했다. 분향소 천막은 헐리고 다시 서기를 반복했다. 2018년 9월에 이르러서야 그러기를 멈췄다. 해고자들은 복직했다. 지금 저 자리엔 대통령 퇴진을 촉구하는 보수 단체의 분향소가 있다. **비망록. 29**

미세먼지 가신 파란 하늘이 거짓말 같았다. 햇살이 눈부셨다. 뭉게뭉게 구름 일어나 종종 그늘을 드리웠다. 바람 선선했다. 연둣빛 작고 여린 새잎이 어느새 가지마다 무성했다. 한해살이 초록 잎은 청년기에 들었다. 담배와 냉커피며 숙취 해소 음료 따위 바코드를 무심히 찍던 편의점 알바생이 틈틈이 휴대폰을 살피느라 손님 든 줄을 몰랐다. 구석 자리 테이블에 기대어 컵라면을 먹던 인터넷 설치기사가 고객과 통화하느라 나무젓가락을 허공에 휘저었다. 김밥은 뜯지 않았다. 배달 대행업체 오토바이가 고가 기둥 사이 복잡한 길을 이리저리 달렸다. 툭 튀어나와 넘어질 듯 기울이면서 좁은 틈을 비집었다. 그 앞 우체국에서 나선 집배원이 신호를 기다렸다. 손잡이를 살살 비틀어 엔진을 다그쳤다. 튀어 나갈 준비를 했다. 가파른 계단을 바삐 오르는 노인이 봇짐을 내려두고 한숨을 뱉었다. 지하철 입구는 땅 위로 한참 높았다.

파마머리 청소 노동자가 걸레를 들고 창문의 얼룩을 부지런히 닦고 있다. 거짓말 같은 파란 하늘이 창에 비쳤다. 지하철

이 들어오고 있다. 안전문 앞에 국화가 놓여 있다. 거짓말 같은 기억이 지하철 2호선 구의역 9-4 승강장 안전문 유리에 선명했다. 노란색 메모지가 새로 붙었다. 잊지 않았다고, 미안하다고 거기 적었다. 새로운 열차가 도착했다. 문이 열렸다. 저마다의 짐을 진 사람이 타고 내렸다. 거기 뭐가 들었을지 알 수는 없다. 주인 잃은 가방만이 지닌 것을 내보여 지난 생을 증언한다. 열차가 출발했고, 하얀색 국화 한 송이가 거기 남았다. 시들지 않았으니 오늘 또 새로운 것이다. 거짓말 같은 시간이었다. 네 잘못이 아니다. 아직 너는 나다.

장소는 기억을 품는다. 얼마 전 수원 화서역을 지나는데, 오래전 겨울날 그 주변 주택가에 신문을 돌렸던 기억이 떠올랐다. 자전거 바퀴에 구멍이 나서 끌고 뛰었던 장면이 꽤나 생생했다. 언젠가는 강원 미시령 터널을 지나는데, 그곳에서 사고가 나 먼저 떠난 친구들 기억이 치고 올라와 울컥하기도 했다. 어떤 방아쇠 같은 게 있는 것인지, 거기에 가면 떠오르는 장면과 감정이 있다.

사람들은 안타까운 죽음을 추모하려고 사고 장소를 찾곤 한다. 꽃과 메모를 남긴다. 나는 사진을 남겼다. 2017년 5월 구의역 스크린도어 사고 1주년이 되는 날이었다. 어쩌면 기억이 흐릿해질 시간이다. 거기 안전문 앞에 놓인 국화가 싱싱했다. 누군가 잊지 않으려고 다녀간 모양이다. 예상할 만한 일이었으니, 나는 무작정 거길 찾아갔다. 추모 행사 같은 '그림'은 놓쳤다. 안전문에 비친 파란 하늘과 구름이 인상적이어서 이리저리 움직여봤다. 창 닦던 청소 노동자가 네모 틀에 들기를, 지하철 한 대가 지나기를 기다렸다. 구의역 9-4 승강장은 청년과 비정규직, 안전, 죽음 같은 여러 말과 기억을 품었다. 별일 없이 열고 닫혔다. 한참 뒤에 태안화력발전소에서 청년 노동자가 죽는 사고가 일어났고, 사람들은 다시금 구의역 9-4 승강장을 떠올리고 얘기했다. 유품이 된 가방에서 나온 컵라면을 들고 행진하곤 했다. 똑같다고 얘기했다. 그것이 사람들이 잊지 않겠다며 기억과 싸우는 이유일 테다. 버릇처럼 열어본 페이스북이 8년 전 오늘의 일이라며 한 사진을 보여준다. 그 풍경이 방아쇠가 되어 흐릿한 기억을 끌어올린다. 부산 영도조선소 장면이었는데, 기억은 어느새 군산 문 닫은 조선소와 자동차 공장 풍경으로 번진다. **김군, 너는. 29**

감출 수 없는 감정이 있다. 숨길 이유도, 슬플 일도 아니었으니 사람들은 광장에서 웃는다. 앞자리 많던 카메라도 신경 쓰지 않는다. 거기 모두들 기뻐 웃는데, 그 순간 카메라 든 사람들 표정만 잔뜩 찌그러진다. 뭐라도 하나 제대로 찍어야겠다고 마음이 바쁘다. 집중하느라, 한쪽 눈을 질끈 감느라 더욱 그렇다. 관찰자의 팔자다. 결정적인 순간이란 게 있다면, 항상 카메라 들고 잔뜩 찡그린 채 그때를 맞이한다. 한 해가 저물 때도, 새해가 밝을 때도, 다 같이 기뻐할 만한 순간에도, 모두가 슬퍼 울 때에도 그렇다. 사랑하는 이의 생일 케이크 앞에서는 또 어땠나. 돌이켜보니 딸아이 생일날 노래를 제대로 불러준 적도, 촛불을 같이 끈 적도 없다. 종종 카메라 내려두고 그 상황을 온전히 내 눈과 귀와 마음으로 느끼고 싶은 때가 있는 법이다.

제19대 대통령 선거 개표 방송을 지켜보던 시민들이 광화문광장에서 출구조사 결과를 지켜봤다. 카운트다운이 시작되고 사람들은 두 손을 모으거나 심각한 표정을 지은 채 대형 화면을

바라본다. 집중력이 높을 때다. 그럴 때 카메라 든 사람은 한결 마음이 가볍다. 두둥, 효과음과 함께 결과가 발표되고 사람들이 환호했다. 서로 안아주고, 박수 치고, 발을 굴렀다. 뒤편 나이 든 사람은 가만히 선 채로 엷은 미소만 머금었다. 엄마 아빠 손 잡고 나온 아이들도 분위기 타고 신났다. 절정은 지났을 때 장면이다. 지역별 투표율과 지지율 등이 화면을 타고 흐를 때면 사람들 표정도 출렁출렁 파도를 친다. 대개는 밝고 활기찼다. 탄식에도 여유가 묻어났다. 촛불 들고 광장에 버텨 기어코 불의한 권력자를 몰아낸 사람들이 바로 그 자리에서 새 정권의 탄생을 지켜봤다. 나는 팔자대로 그 표정을 지켜봤다. 때로는 야근도 즐거울 때가 있다. **감출 수 없는. 75, 200**

봄볕이 따뜻했고, 잔디가 넉넉히 자라 바닥이 푹신했다. 병아리 떼 쫑쫑쫑 봄나들이 나서기 좋은 날. 너른 광장엔 이모 삼촌이 많아 붐볐다. 나리나리 개나리꽃처럼 노란 리본을 저마다 가슴팍에 달았다. 오리는 꽥꽥, 염소 음매, 돼지는 꿀꿀 소리 냈고, 엄마는 투쟁이라고 소리쳤다. 웃음 좋던 이모와 삼촌이 고개 숙인 채 심각했다. 지켜주지 못한 아이들을 위해 잠시 눈감았다. 기우뚱 넘어져 코 박을까, 실눈 뜨고 발치 내내 살피던 엄마 손이 빨랐다. 북소리 곧 높았다. 구호 따라 엄마 손이 높았다. 거기 광장 너머엔 경찰차 '폴리'가 많았고 '타요' 버스를 닮은 빠빵이 칙칙폭폭 기차놀이를 했다. 차벽이 높았다. 길 따라, 깃발 따라 이모와 삼촌 숨이 가빴다.

집회 참가한 사람들이 양손을 모으고 고개를 숙이고 있다. 엄마가 손을 뻗어 기우뚱거리던 아이 얼굴을 받치려고 하고 있다. 서울광장 잔디밭에 서 있다. 집회 시작은 대개 앞서간 사람을 기억하는 것으로 시작한다. '임을 위한 행진곡'이 뒤따르곤

한다. 2015년 4월 봄날이었으니 사람들은 먼저 간 세월호 아이들을 떠올린다. 묵상 뒤로는 노래가 울려 퍼지고 사람들은 주먹 뻗어가며 부를 테니, 마음 급한 사진기자들은 벌써 무대 위 혹은 높은 곳에 올라 자리 잡는다. 아래쪽에서 이것저것 살피던 나는 무대 위 그림을 포기한다. 좀 다른 그림 찾느라 사람 사이를 누비던 참이다. 아이 데리고 나온 참가자도 손 모아 묵상을 하는데 눈은 아랫자리 아이를 부지런히 살폈다. 걸음마 갓 뗀 아이가 이리저리 뒤뚱거리는 모습을 보곤 카메라를 들었다. 기대만큼 역동적인 그림은 없었다. 사진 찍는 사람 욕심이 과했다. 아이 품고 가는 엄마만 봐도 왈칵하던 시절이다. 왜 구하지 못했는지(않았는지)를 묻는 일 자체가 불온한 때였다. **엄마 손이 빨랐다. 170**

법에 절망한다고 말했다. 벼랑 끝 몰린 노동자가 틀어쥘 마지막 풀포기는 대한민국에 없다고도 했다. 약자를 핍박하는 수단이고 가진 자의 부를 위한 것이었다고 또박또박 말했다. 편 들어달라는 게 아니라고, 그저 최소한 공정하기를 바란다고 보탰다. 짧은 머리, 목에 두른 하늘색 손수건, 왜소한 어깨, 증인 김진숙이다. 대법관 자격을 따져 묻는 자리, 그 살벌한 위엄 속에서 무서울 것도 없었는지 그녀 목소리 우렁찼다. 단호했다. 하지만 100만 원은 겁났다고 김진숙은 고백했다. 하루하루 셈했다고. 법원이 매긴 강제금 몇 억 원이 그녀에겐 없었단다. 목숨을 담보 잡혔지만, 주머니 가난했다. 법대로 하자는 그 말에 절망했다며 크레인 농성을 곱씹었다. 법대로도 하지 않는다며, 약속은 지켜지지 않았다고 증언했다. 용산·평택·울산에서 또 어디 수많은 벼랑 끝에서 법은 일방적이었다고, 방방곡곡 널린 낡은 천막 농성장 어디 한 곳이라도 가본 사람이 대법관이어야 한다고 김진숙은 두 손 들어가며 말했다. 2012년 7월 국회에서 열린 김신 대법관 후보자의 인사 청문회 자리에서다.

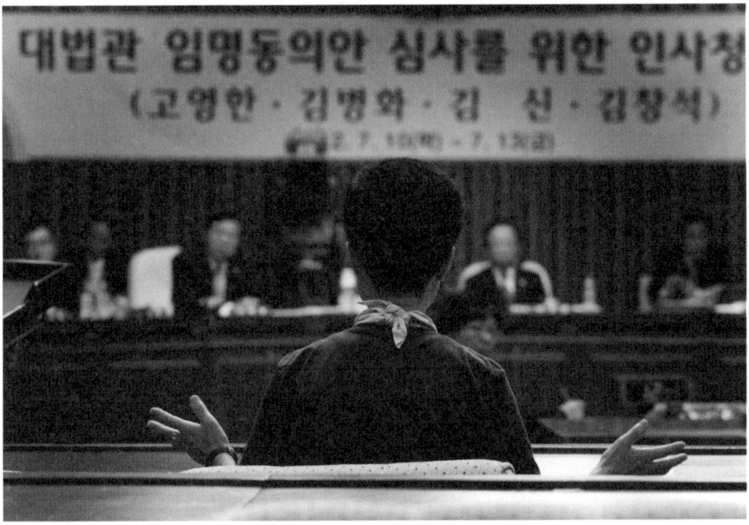
대법관 임명동의안 심사를 위한 인사청
(고영한 · 김병화 · 김 신 · 김창석)

김진숙 민주노총 부산본부 지도위원이 대법관 청문회 증인석에 앉아 있다. 양손을 들고 있다. 시선은 청문위원을 향했다. 고개를 꼿꼿이 세우고 있다. 김진숙 지도위원은 지난 2011년 한진중공업의 정리해고 방침에 항의하며 영도조선소 85호 크레인에 올라 농성했다. 회사는 법원에 퇴거 명령을 요청했고, 당시 담당 판사였던 김신 대법관 후보자는 이를 받아들여 하루 100만 원의 이행강제금을 부과했다. "후보자께서 대법관이 되지 않았으면 한다. 설령 되더라도 정말 이 땅에서 섬겨야 하는 예수, 고난받는 사람들, 버려진 사람들이 누구인지 따뜻한 눈으로 바라보시기 바란다." 사법부에 대한 기대가 무엇이냐는 질문에 김진숙 지도위원은 이같이 답했다.

오래 싸운 노동자들은 종종 국회 증인석에 앉아 지난 일을 복기한다. 국정감사와 인사 청문회 자리에서다. 주어진 발언 시간은 대개 짧았다. 할 말은 넘쳤으니 말이 꼬이거나 격해지는 경우도 있었다. 발언하는 앞모습 담고 움직이다 보면 끝나는 경우도 있다. 뒷모습이 인상적이었다. 왜소한 어깨며 짧은 머리, 간편한 티셔츠와 목에 두른 손수건이 거기 엄숙했던 국회 청문회장의 분위기와 이질적이었다. 매순간 단호했던 말끝이 손짓에 묻어났다. 말하면서 두 손을 자주 드는 건 그의 버릇이다. 편들어달라는 게 아니라고, 최소한 법이 공정하기를 바란다고 그는 말했다. 대법원 앞 정의의 여신상이 든 저울 같은 걸 떠올렸다. 균형이 맞기를 기다렸다. 뒷모습을 자주 찍는 건 나의 버릇이다. **증인 김진숙. 105**

상가엔 삼가 고인의 명복을 비는 화환이 빼곡했다. 특실은 널찍했고 영정 앞으로 정성스레 차린 과일과 음식이 가지런했다. 흰색 무명옷 걸친 주름진 사람들 서성이다 엎드렸고, 또 상차림에 나서다 조문객을 맞았으며, 종종 저기 비상구로 나가 담배를 피워 물었다. 왼쪽 가슴팍엔 까만 리본을 달았는데, 거기 얇은 상복 너머 한때 자랑이었던 조선소 이름이 언뜻 비쳤다. 국화 벌써 하나둘 시드는데 탈상은 기약 없다. 장래는 불투명했다. 노동조합 사무실 막혔다는 소식에 사람들 말문도 막혔다. 민주통합당 어느 의원이 보내온 국화가 영정 앞에서 말라갔다. 통합진보당과 진보정의당·진보신당이 또 각각 보내온 화환이 영도구민 장례식장 4층 특실 비상구 앞에서 또한 시들고 있다.

상복 입은 남성이 비상구 계단에 서 있다. 시선은 창밖을 향했다. 손은 뒷짐을 지고 있다. 동료, 동지 혹은 동생의 장례식장이다. 화환이 많았다. 어떤 건물에나 비상구는 있다. 사람의 생명 안전을 위한 문이다. 필수다. 장례식장에도 당연히 비상구

가 어둠 속에서 밝았다. 비상구 찾지 못한 사람들이 잇따라 스스로 목숨을 끊었다. 2012년 제18대 대선이 끝난 지 얼마 지나지 않아서다. 최강서 금속노조 한진중공업지회 조직차장이 노동조합 지회 사무실에서 스스로 목을 맸다. 정권이 바뀌면 그래도 뭔가 바뀌지 않을까 했던 희망조차 사라진 탓이라고 당시 사람들은 분석했다. 안타깝지 않은 죽음이 어디 있겠는가마는, 아무렇지도 않게 잊히는 죽음은 많다. 빈소에는 그래도 온갖 유력 정치인의 이름 적힌 화환이 많았으니 그 죽음 길이 꽃길이었나. 유독 말수 적은 상주들이 장례식장 비상구 옆에서 줄담배를 물고 섰다.

대규모 정리해고에 맞선 싸움이 길었다. 김진숙 지도위원은 영도조선소 85호 크레인에 올라 309일을 농성했다. 고인은 그 끝에 복직했으나, 출근 이틀 만에 무기한 휴업 발령을 받았다. 158억 원 손해배상 청구가 그대로였다. 회사는 노동조합 사무실 폐쇄를 압박했다. 비상구를 찾지 못했다. 부산역 앞에서 열린 추모대회에서 추모사를 하던 김진숙 씨가 "강서야, 강서야" 그 이름을 부르다가 많이 울었다. 어느 건물에나 비상구는 있어 사람의 생명 안전을 위한다. 어디에도 비상구가 없어 일터에서 잘리고 송사에 시달리다 구석에 내몰린 사람들은 '노동조합 탄압 중단' 같은 뻔한 말을 유서에 남긴다. 비상한 상황이었다. 비정상이었다. 비정상의 정상화는 당시 18대 대통령에 취임한 박근혜 씨의 국정 철학으로 알려졌다. **비상구. 200**

피에로가 내내 웃는다. 그 속은 모를 일이다. 기자회견 앞자리 앉아 쉬던 청년은 그 차림새 값을 치렀다. 카메라가 많았다. 모델 노릇 하느라 진땀을 뺐다. 2014년 5월, 홀쩍 여름 날씨였다. 슬쩍 가면 올리고 땀을 훔쳤다. 서울 신촌 유명한 햄버거 가게 앞이다. 매출 1위, 간판이 화려한 곳이다. 열악한 노동조건과 저임금에 노동자는 골병들었다니 그 속은 또 모를 일이다. 가면 쓰지 않겠다, 가만있지 않겠다고 사람들이 행동에 나섰다.

기자회견이 끝나고 알바 노동자가 손으로 피에로 가면을 올렸다. 나머지 손으로 땀을 닦고 있다. 눈은 가면에 가려 보이지 않는다. 지하철 역사 출입구에 기대어 앉아 있다. 기자회견엔 이런저런 상징 의식을 하는 경우가 많다. 소위 그림을 만들기 위해서다. 메시지를 좀 더 쉽게 전하는 데 도움이 되기도 한다. 탈을 쓰고, 뭔가를 찢고 태우고, 종종 망치 들어 부수기도 한다. 사진기자들이 욕심낼 만하다. 마냥 좋아할 수만도 없다. 뭔 얘기를 하고자 하는지 통 모를 장면을 만나면 당황스럽다. 하고 싶

은 말이 많을 때 그런 경우가 많다. 상징이란 건, 뺄 것 빼고 남은 정수를 슬쩍 비틀어 보이는 것일 텐데, 버리지 못해 이것저것 다 보여주려니 주최자도 취재하는 기자도 난감해지곤 한다. 뻔하지 않으면서도, 쉽고도 강렬한 상징 의식을 준비하기 위해 기자회견 주최자는 머리를 쥐어뜯었을 테다.

사진 찍는 일과 닮았다. 정보는 넘치는데, 그중에서 핵심이 될 만한 시각 정보를 고르는 건 늘 쉽지 않았다. 버리지 못해 다 담아내다 보니 사진이 밋밋해진다. 늘상 벌어지는 기자회견이며 집회를 비롯한 온갖 행사를 뻔하지 않게 찍는 일이란 무척이나 골치 아픈 일이다. 피에로 분장한 알바 노동자와 손에 든 팻말과 옆에 선 사람을 그 뒤편 유명 상표 매달린 매장 모습을 배경 삼아 담으려다 보니 땀에 젖는다. 허리 굽히고 다리 굽힐 일이 많아 찍고 돌아서면 온몸이 덜덜 떨리곤 했다. 더운 날 가면 쓰고 햇볕 아래 섰던 기자회견 참석자가 앉아 땀을 닦는데, 가면에 가려진 표정이 어떨까 궁금했다. 좀 더 기다려 가면 벗는 모습을 찍고 싶었는데, 움직여야만 했다. 그 장면이 더 나았을 것이라고 확신할 순 없지만 늘 아쉬움을 품게 된다. **피에로는 웃지. 135**

10미터

이것은
영화가 아니다

1 1.2 1.5 2   3   5 7 10   ∞   m

제 힘으로 문을 잠그고 올랐지만, 열 수는 없다고 했다. 할 수 있는 건 버티는 것뿐이라고 말했다. 찬 고매(고구마) 먹다 목이 메고, 잡는 것마다 손이 쩍쩍 들러붙던 강추위에 떨면서도 하루 한 시간 운동은 빼먹지 않는다고 했다. 제 발로 걸어 내려가는 법을 잊지 않기 위해서라고. 다만 '문 여는 법'을 잊지 말라고 부탁했다. 김진숙 민주노총 부산본부 지도위원은 그렇게 우뚝 깃발처럼 솟아 바닷바람을 버텼다. 잘릴 걱정 없이 웃으며 일하는 일터를 염원했다. 85호 크레인, 지난 2003년 김주익 전 지회장이 정리해고에 반대하며 129일 동안 농성을 벌이다 숨진 그곳이다. 아픈 기억에, 크레인을 똑바로 보지도 못하고 자주 울먹이던 사람들은 땅에서 바빴다. 농성장을 지키고, 집권당 사무실과 시청에서 노숙 농성을 벌였다. 부산대교를 건너 행진하고 집회를 했다. '정리해고 분쇄'라고 적힌 깃발 들고 찬바람과 오래 싸웠다. 2011년 1월 한평생 배 짓는 법만 알던 영도조선소 노동자들이 '문 여는 법'을 찾아 내내 바빴다.

크레인 올라 농성하는 김진숙 지도위원이 아래를 바라보고 있다. 손 들어 사람들에게 인사했다. 종종 난간을 잡았다. 발은 철판을 딛고 섰다. 오래된 조선소 도크에도, 크레인 위 농성장에도 해가 저물었다. 검푸른 하늘 배경으로 농성자가 실루엣으로 남았다. 목 꺾어 바라보던 나는 그가 손 흔드는 순간을 기다렸다. 주먹 뻗어 구호에 화답하거나 두 팔 위로 모아 하트 모양 만드는 모습을 상상해봤다. 종종 그랬다. 드르륵 드르륵 최신 카메라의 연속 촬영 기능은 그 순간을 잡는 데에 부족함이 없다. 신문용 사진으로 챙겨 마감했다. 가만히 선 모습은 따로 챙겨뒀다. 어두침침한 것이었으니 쓸 곳이 마땅치 않았다. 문득 쓸 것이 떠올라 여러 장을 찍었다.

농성과 집회 현장에는 온갖 과격한 말이 많다. '죽기를 각오하고, 결사 저지하고, 끝장을 본다' 같은 말이 우렁차다. 강한 의지를 드러내는 말은 곧잘 죽음의 말과 가까웠다. 버릇처럼 쓰이기도 한다. 그러나 종종 말처럼 쉽지는 않은 일들이 실제로 벌어지곤 했다. 크레인 올라 농성하던 김진숙 지도위원은 특유의 달변으로 온갖 부조리한 것들을 읊었고, 또 한편 갖은 희망을 풀어냈다. 그 목숨을 담보 삼은 말들이었다. 이미 누군가 죽어나간 크레인 위에서였다. 뭔가 밝고 활기차고, 삶의 의욕이 넘치는 장면을 찾으려고 평소 눈을 굴린다. 우울하고, 불편하고, 어두침침한 장면은 독자에게도, 찍는 사람에게도 반갑지 않다. 굳이 한 장을 써야만 했다면 좀 더 밝은 모습을 골랐을 테다. 타인의 고통을 똑바로 응시하는 건 힘겨운 일이다. 그러나 그건 사진기 든 사람의 숙명처럼 여겨진다. 사진을 찍는 것도 어렵지만, 고르는 일도 쉽지 않다는 걸 매번 느낀다. 어쩌다 얻어걸린 장면이 메모리카드 한 구석에서 보석처럼 빛나는 일도 있다. 하지만 대개는 당시의 마음과 의도와 고민이 어떻게든 담기게 마련이다. 내게 사진을 고르는 일이란 그 순간의 내 마음과 어설픈 의도 따위를 복기하는 일이기도 하다. **그의 집. 200**

이것은 러브 스토리. 하지만 둘 사이 거리가 멀어 손가락 하트로는 어림없다. 철문을 열어다오, 줄리엣이 외친다. 극단적인 로앵글이다.

한진중공업 부산 영도조선소 85호 크레인 위에서 농성하던 김진숙 민주노총 부산본부 지도위원이 두 손을 머리 위로 모아 희망버스 참가자에게 화답하고 있다. 시선은 땅을 향했다. 발 디딘 곳은 크레인 철제 구조물이다. 김지도위원은 정리해고 철회하라며 영도조선소 크레인에 올라 오래도록 농성했다. 시민들이 버스 타고 찾아가 응원했다. 5차 희망버스 한 참가자가 팔들어 하트를 그렸는데 용케도 신호가 닿아 사랑 고백이 성사됐다. 2011년 10월 부산영화제 즈음이었다. 사람들은 '이것은 영화가 아니다(This is not a film)'라고 제목 붙인 포스터를 만들어 부산을 향했다. 시내 곳곳과 영도조선소 앞에서 시위가 이어졌다. 사람들은 길에서 밤을 지새웠다. 틀에 박힌 사진을 피하려고 열심히 뛰어다녔는데, 하트 틀에 박힌 사진을 찍게 됐다. 높

이 차이가 커 바닥에 쭈그렸다. 거리가 멀어 망원렌즈를 활용했다. 한동안 자주 찾아갔다. 부산역에서 영도 넘어가는 길이 익숙했지만, 정작 여행 삼아 가보지는 못했다. 김진숙 지도위원은 지금 암 투병 중이다. **This is not a film. 105**

머리 위 냉면 국물은 찰랑거릴 뿐 넘치는 일이 없다. 흐트러짐 없이 자연스러운 걸음걸이는 마치 패션쇼 런웨이의 그것과 닮았다. 하루 이틀 솜씨가 아닐 테다. 오랜 노동의 성취다. 시장통 흔한 풍경이다. 늙은 엄마도 한때 고춧가루며 참깨 자루를 머리에 이고 다녔다. 한 손으론 비닐주머니를, 또 한 손으로는 어린 자식 손을 잡아 챙겨야 했으니 곡예는 필요한 만큼 자연스러웠다. 엄마는 참 많은 일을 아무렇지도 않게 해냈다. 공장에서 주야 맞교대로 밥 짓는 일을 하고 돌아와 또 여섯 식구 밥상을 꼬박 차려냈다. 김치볶음과 감자볶음에 직접 담근 단무지 썰어 네 아이 도시락을 쌌고, 집을 치웠다. 고기와 전 부치고 유과를 튀겨 조상님 밥상도 종종 차렸다. 무·배추·고추 따위 밭에 키워 김치를 담근다. 콩 심어 메주를 쑨다. 간장·된장 공장장 역할을 여태 한다. 일과 가정을 빈틈없이 꾸렸지만 그건 당신에게 가혹한 일이었다. 엄마는 지금 볼품없이 늙어 여기저기가 아프다. 놀라운 일이지만 '워너비' 삼을 수는 없는 노릇이다. '워라밸'이라고 일과 가정 혹은 일과 삶의 균형이 요즘 추세라던데,

뭐든 척척 아무렇지도 않게 해낸 엄마가 그건 참 못했다. 밥 먹는 일이 제일 중요했던 엄마는 지금도 밥 챙겨 먹었는지부터 묻는다. 딸아이 챙겨 오늘은 또 뭘 해서 먹이나 고민 깊던 나는 허둥지둥 햄 굽고 간편식 국 끓이고 냉동 밥을 데운다. 한 끼를 때운다. 잘 챙겨 먹이고 있다고 전화로는 거짓말했다. 밀린 설거지 해치우느라 그릇 탑이 잔뜩 높은데 한순간에 그만 와르르 무너져 내린다. 사기 접시 여기저기 이가 나갔다. 균형 잘 잡는 게 어렵고 또 중요한 법이다.

뻔한 행사 취재하러 찾아간 서울 남대문 어느 호텔 3층. 높이 올랐으니 창가에서 기웃거린다. 오랜 버릇이다. 보는 각도가 달라지면 종종 다른 것들이 보인다. 머리에 쟁반을 얹고 있는 식당 노동자가 눈에 띈다. 마침 거기 조명용 기둥과 모양이 닮았다. 프레임에 들어오기를 기다렸다. 다른 무언가 끼어들지는 않을까 걱정했다. 짧은 시간인데 참 여러 생각이 스친다. 집중의 힘이겠다. 평소 멍하니 길을 걷다가 돌부리에 걸려 균형 잃고 넘어가는 그 짧은 순간에도 참 많은 생각이 스친다. 주마등이라고 하던가. 언젠가 타고 가던 전세버스가 강원도 미시령 꼬부랑길에서 균형을 잃고 굴렀을 때도 나는 비슷한 경험을 했다. 살아온 날들이 모두 스친 것은 물론 앞으로 어떻게 해야 할지에 대해서도 생각할 수 있었다. 그때도 엄마 생각이 먼저였다. 아빠한테는 좀 미안한 일이다. 균형을 좀 맞출 필요가 있겠다. 횡단보도 패턴이 단순해 좋은 배경이 됐다. 워라밸, 즉 일과

생활의 균형 얘기가 당시에 많았으니 얼개 삼았다. **균형. 90**

언젠가 3포라더니 5포, 또 7포란다. 연애와 결혼과 출산, 대인 관계며 내 집 마련에 희망과 꿈까지 접었다니 꼽아보기도 버겁다. 점점 늘어 이제 N포란다. 디지털 기술과 함께 성장해 컴퓨터와 네트워크에 능하다고 한때 N세대라고도 불렸던 이 시대 청년은 지금 집도 사랑도 뭣도 없어 동수저도 사치라 여긴다. 자조 담긴 흙수저를 인증한다. 이상한 나라의 성실한 엔리스 N-less다. 한 청년이 여의도 국회 의원동산에서 등짐 지고 땀 흘린다. 다른 누군가의 눈부신 결혼식을 준비하느라 등 굽었다.

결혼식 알바 나선 청년이 손을 뒤로 해서 천막 틀 짐을 잡고 있다. 허리 굽혔다. 시선은 잔디밭에 닿았다. 발도 거기 있다. 청년 문제를 두고 이러쿵저러쿵 말이 많았다. 그중에도 취업난 얘기가 단골이다. 2015년 9월 청년 실업률과 고용의 질을 두고 이런저런 분석 기사가 쏟아질 즈음이었다. 청년의 목소리를 직접 내야 한다는 명분이 힘을 얻어 국회 각 정당에도 이른바 청년 국회의원이 입성했다. 여러 정책이 시행됐다. 달라진 게 많

지 않았다고, 다시 기사가 쏟아졌다. 난제였고, 지금도 쉬이 풀지 못하고 있는 문제. 일하는 청년층만 보면 카메라를 들이대곤 했다. 초상권 문제가 있어, 뒷모습을 주로 살폈다. 서 있는 천막 뼈대와 청년이 지고 나르는 뼈대가 N 모양이 되길 기다렸으나 쉽지 않았다. **이상한 나라의 엔리스. 150**

여기저기 오르고 점거하고 길을 막고 나서야 기자가 찾는다. 억울한 사연 일부가 알려진다. 할 말은 넘치는데 말 전할 통로가 없는 사람들이 다리 위에, 대형 광고판에 올라 현수막을 내린다. 스피커 볼륨을 높이기 위한 방법이다. 교섭력을 키우기 위한 선택이다. 종종 성과를 얻었고, 때로는 무관심 속에 오랜 풍경처럼 남겨졌다. 민주노총 일하던 김정근 씨는 2016년 3월 양화대교 아치에 올라 오랜 해고 생활 사연을 알렸다. 복직을 요구했다. 정년이 얼마 남지 않은 때였다. 다리 건너 세아제강이 바라다보이는 곳을 택했다. 몇몇 기자들에게는 미리 알려 취재를 당부했다. 경찰이 출동했고, 소방대가 아래 자리에 에어 매트리스를 깔았다. 회사 관계자들도 거기 찾아 정보를 수집했다. 어느 신문과 방송 카메라가 왔는지를 꼼꼼히 기록했다.

농성 계획 문자메시지를 받고 움직였다. 다리 위였으니 차로 갈 수는 없었다. 삐걱대던 자전거를 타고 갔다. 저 뒤로 본사 건물과 엮어볼 생각에 선유도 방면으로 한참을 걸었다. 오르락

내리락 아치를 움직이던 농성자가 꼭대기에 머물기를 기다렸다. 두 번에 걸친 농성 끝에 복직 문제 해결 약속을 받았다. 해고 31년 만이었다. 이후 양화대교를 비롯한 한강 다리에는 농성 방지용 구조물이 설치됐다. 국회와 광화문 일대 광고탑이며 오를 만한 곳에는 잠금장치가 새롭게 달렸다. 땅에서 천막 치고 오래 농성하는 사람들은 종종 어디라도 올라가야 하는 거냐고 농담 삼아 말한다. 보이지 않는 출구 찾느라 철탑 위나 다리 위에 스스로를 가둘 마음을 먹는다. 오늘, 서울톨게이트 지붕 위에, 서울 강남역 사거리 교통관제탑 위에, 또 영남대 의료원 옥상에 사람이 산다. 오르고 또 오른다. **오르고 또 오르면. 135**

짙은 구름 헤치고 말갛게 씻은 얼굴 삐죽 내밀던 그 새벽 새 아침 해보다도 예뻤던 건 저기 두 사람. 잘 벼린 칼날처럼 날카롭게 파고들던 차디찬 바람일랑 물렀거라 목도리 여며주는 저 손길이, 그 마음이 사랑이다. 굽이굽이 산을 넘고 구름 헤쳐 얼음길 자갈길 구석구석 비추어 따습던 새날 아침볕도 그 마음만 못하더라. 그래, 사랑이다. 다시 사람이다. 얼어붙은 눈길일랑 거두고 눈 맞추어 사랑하자, 우리 새날엔. 먹구름 짙고 찬바람 드세어 앞길 험난해도 그 길에 다시 사람만이 희망이다.

겨울 산은 춥고, 카메라 든 가방은 무겁다. 손가락은 꽁꽁 얼어 감각이 흐릿한데 바라보던 동쪽 하늘엔 구름이 잔뜩 꼈다. 뭐라도 만들어보려고 안달이 나서 태백산 꼭대기를 뛴다. 심장이 벌렁벌렁 뛴다. 새해, 그거 뭐라고 매일 뜨는 해 찍어 뭐 하냐 싶다가도 막상 닥치면 그것만 한 게 없다. 실은 상상력 부족 탓이겠다. 만만한 '안전빵'이다. 2010년 새해 뜨는 해를 표지 삼자면 묵은 해를 찍는 수밖에 없다. 찍으려니 거기 오르는 수 말고

는 없다. 뻔한 것이라지만 드는 품이 적지는 않다. 이제는 나이가 적지도 않아 무릎이 문제였다. 지리산이고 태백산이고 여러 번 겨울 산을 올랐다. 거기 올라야만 볼 수 있는 것들이 있으니 고행길만은 아니었다. 실은 산에 한번 가고 싶은 사심도 슬쩍 담겼다. 실은 나는 뜨는 해엔 관심이 적었다. 그거 보겠다고, 혹은 그저 산이 거기 있어 그 추운 날 산에 오르는 사람들의 표정과 몸짓이 흥미로웠다.

해가 딱 떠오르는 순간에 나는 선택의 갈림길에 선다. 해냐, 거기 오른 사람들 표정이냐를 수십 번 따져보다가 결국엔 두 장면 다 욕심부려보기로 한다. 마침 해가 구름 뒤에서 흐릿하게 떠올랐으니 난 사람들 찾아 정신없이 그 언덕을 뛰었다. 하필 그날 사람도 적었다. 멀리서 서로를 챙기던 저이들을 만나지 못했다면 난 슬펐을 것 같다. 따뜻한 모습이었다. 나도 저런 적 있었지 하는 생각도 들었다. 내려오는 길에 연탄불 한우집에 들어가 딱 1인분을 맛있게 먹었다. 비용 청구해도 되냐고 회사에 물었다가 사비로 먹으라던 선배 농담에 마음 상했던 기억이 여태 선명하다. 해가 어떤 모양으로 떴는지는 기억에 없다. 얼마 전 짐 정리하던 중에 등산용 스틱이며 아이젠을 발견했는데, 녹이 많이 슬었다. 잠시 산에 갈 꿈을 꿔봤다. 일어나는데 녹슨 무릎에서는 뚝 소리가, 입에서는 아이고 소리가 절로 나더라. 생각을 접었다. **뜨는 해보다 사람. 70**

불 꺼진 전광판에 현수막이 붙었다. 그건 바람에 휘날려 자주 꼬이고 뒤집혔는데, 구멍 내고 추를 달아 겨우 잡아뒀다. 그 윗자리 올라 버티던 사람 둘은 현수막 펴는 데에 많은 공을 들였다. 난파선 조각에 매달려 표류하다가 닿은 어느 섬 해변 모래 위에 새긴 조난 신호처럼, 현수막에 새긴 요구는 자꾸만 찌그러지고 흐릿해졌다. 섬사람들은 날짜 꼬박 세어가며 하루 또 바람과 햇볕과 무관심과 싸운다. 그 옆 불 켜진 전광판에선 단결 투쟁 나선 노동자들이 선을 지켜 행복했다. 경찰과 더불어 환하게 웃고 춤췄다. 선을 지키면 모두가 행복해진다고 서울지방경찰청은 광고했다. 뒤따라 어느 보험사의 신상품 광고와 메르스 예방 수칙이 화면에 부지런히 돌아갔다. 지키면 행복해진다고 전광판은 또한 말했다. 구미 스타케미칼 굴뚝 위에서, 거제 대우조선해양 크레인 위에서, 또 부산시청 앞 전광판에서 사람들이 이제는 별일도 아닌 듯 하루 또 섬을 지킨다. 마지노선이라고, 살려야 한다고, 그 아랫자리에서 고개 꺾은 사람들이 말했다.

고공 농성 중인 기아차 비정규 노동자가 손을 허리춤에 대고 아래쪽을 살피고 있다. 2015년 7월 서울시청 옆 옛 국가인권위원회 건물 옥상 전광판이다. 고공 농성이 꾸준히 많았다. 전국 농성장 지도가 만들어지기도 했다. 어떤 곳은 관심을 끌었고, 또 어떤 곳은 곧 잊혔다. 어디는 길었고, 또 어디는 짧았다. 다리 위와 광고판, 조명탑까지 오를 수 있는 곳은 많았다. 좀 더 주목받을 수 있는 곳을 찾아 사람이 까치집을 짓고 살았다. 줄 타고 음식이 올랐고 그 줄 따라 똥이 내려왔다. 억울함을, 간절함을 전하는 일은 점점 더 가혹해졌다. 사람들은 거기에 익숙했다. 카메라도 어느 날 찾지 않았다. 사람과 차량 분주한 도심 속이었지만 거기 외딴 섬처럼 동떨어지기 일쑤였다.

가까운 곳 빌딩에 올라 살피니 그림이 또 달랐다. 농성자와 연락을 취해 바깥으로 나와 활동해달라, 손을 흔들어달라는 식으로 그림을 만들기도 하던데, 나는 그게 익숙지 않았다. 미안하기도 했다. 프레스센터 유리창에 기대어 움막 밖으로 나오기를 기다렸다. 그 옆 전광판에 준법 시위를 당부하는 영상과 엮이길 바랐다. 고공 농성이 끝나고도 농성은 끝나지 않았다. 김수억 기아차 비정규직지회장은 2019년 8월 서울고용노동청 앞에서 36일 동안 단식 농성을 했다. 법원 판결에 따라 기아차에 직접고용 명령할 것을 노동부에 촉구했다. 마지노선이라는 게 점점 멀어졌다. 법대로 하자는 일인데, 매일같이 마지노선에 선다.

마지노선. 200

'위험을 보는 것이 안전의 시작'이라고 오래전 어느 건설 현장 외벽에서 읽었다. 또 누가 집 짓다 떨어져 죽었다지. 높은 곳을 살핀다. 푸른 하늘이 도심 빌딩 창에 맺혀 짙었다. 저기 높은 곳 줄에 매달린 사람을 본다. 낮은 곳에서 나는 비로소 안전함을 느낀다. 사람들은 대개 더 높은 곳으로 오르려 애쓰곤 하지만, 그곳이 외벽이길 바라지는 않는다. 위험은 수당으로 계산되지만 매번 그런 것은 아니었다. 63빌딩 외벽 청소가 수입이 짭짤하단 얘기를 들은 한 청년이 포털 사이트에 일자리를 물었다. 알바 업체 담당자가 안내한다. 일급 10만 원 이상, 초보자 가능하다는 로프공 모집 글이 주르륵 나왔다. 위험천만한 일이라고 댓글로 말리던 어떤 이는 집에서 편안히 부업 하면서 월 200만 원을 보장한다고 소개했다.

직접고용 하면 빌딩 외벽 청소 더 안전해지냐고 경제신문이 따져 묻는다. 개정된 산업안전보건법이 문제라고 지적한다. 2019년 5월 일하던 사람이 오늘 또 높은 데서 떨어져 죽는다. 건설 현장이고 배전 공사 현장이었다. 카메라 앞에 선 유가

족 눈이 부었다. 곧 붉었고, 눈물 떨어졌다. 조끼 입은 사람들이 무명의 영정을 들고 청와대로 행진한다. 산업안전보건법이 여전히 문제라고 외친다. 약속이 퇴색했다고 따져 묻는다. 낙수 효과 그 오랜 신화가 여전한데 밥벌이 나선 사람만 자꾸 높은 데서 뚝 떨어진다. 보라, 위험은 저 높은 곳에 있다. 외벽에 있다. 바깥에 있다. 온갖 곳에 많다.

빌딩 외벽 청소 로프공이 서울 중구 한 빌딩에 매달려 작업하고 있다. 줄에 연결된 의자에 앉아 있다. 두 발로 창문을 딛고 균형을 잡았다. 움직일 때면 허공에 떴다. 손에는 창문 닦는 도구를 들었다. 봄이나 가을이면 빌딩 외벽 청소 장면을 자주 볼 수 있다. 사람들 일하는 모습에 관심 많은 나는 하늘 맑은 날이면 고개 들어 빌딩 벽을 살피곤 했다. 청소나 수선 작업을 위해 줄에 매달린 사람을 발견하면 버릇처럼 사진을 찍었다. 맞은편 빌딩에 올라 살피는 경우도 있지만 대개는 고개 꺾어 올려다보곤 했다. 아찔한 높이였다. 나름의 안전 장비를 갖추고 있겠지만 위험해 보였다.

언젠가 산업 안전을 키워드 삼아 곳곳의 현장을 다닌 적이 있다. 어디서든 안전제일, 그 유명한 단어부터 온갖 종류의 알림 문구를 볼 수 있었는데, 그중 '위험을 보는 것이 안전의 시작'이라는 문구가 인상 깊었다. 위험을 살펴보는 것으로 시작은 했지만 더 나아가지를 못해 사람이 죽고 다치는 현장이 끊이지 않았다. 떨어지고, 끼이고, 질식하고, 폭발에 말려드는 일은 생각하는 것만으로도 무서운 일인데, 매년 발표되는 산업재해 통계치에 적힌 숫자엔 그 고통과 두려움과 슬픔이 끼어들 여지가 적었다. 그저 망가진 기계 부품의 누적 수 정도로만 보였다. 곧 그 숫자에 무감각해졌다. 큰 사고가 한 번 난 뒤에야 이런저런 특단의 대책이 쏟아졌지만 입법 과정에서, 또 현장에 적용하는 과정에서 퇴색되기 일쑤였다. 그럴듯한 반대 이유가 따랐지만, 그 끝에 돈 문제가 있음을 모르는 사람이 없다. 그걸 알면서도, 눈앞에 보고서도 어쩌지 못해 앞장섰던 사람들이 운다. 일부 진전에 의미를 두기도 했지만, 사람 목숨을 일부로 나눌 수는 없는 것이니 참담한 일이었다.

해마다 2000명 가까운 사람이 산업재해로 사망한다. 고 김용균의 죽음 이후 개정된 산업안전보건법이 경제의 활력을 막는다고 경제신문과 국회의원이 주장한다. "죽음의 숫자가 너무 많으니까 죽음은 무의미한 통계 숫자처럼 일상화돼서 아무런 충격이나 반성의 자료가 되지 못하고 이 사회는 본래부터 저러해서, 저러한 것이 이 사회의 자연스러운 모습이라고 여기게 되었다"고 소설가 김훈은 어느 앞자리에서 말했다. 유가족의 눈물을 보는 일이 많아 나는 어느덧 충격받지 않는다. 익숙한 일로 여긴다. 익숙하게 카메라 들어 기록한다. 종종 그게 무섭다.

위험을 보는 것. 90

남산 중턱 햇볕 귀한 언덕길에 비석이 세 개 있다. 누군가
의 이름과 사연을 새긴 돌이 비바람과 시간을 견뎠다. 추모비라
고 불렸다. 2000년 겨울, 강원 미시령 옛길을 넘어가던 버스가
뒤집혔고, 까마득한 벼랑 앞에 겨우 멈췄다. 수십 명이 버스에
올랐지만 제 발로 내린 이가 적었다. 일곱이 죽었고 여럿이 피
흘렸다. 참사라고 뉴스는 전했다. 브레이크 고장 때문이었다고
경찰이 말했다. 각종 안전 대책 수립을 촉구하는 목소리가 당시
에 높았다. 총학생회의 이면 계약 사실은 나중에야 밝혀졌다. 제
한 몸의 평안을 위해 철들지 않겠다던 불패의 애국 청년들은 기
성의 폐습을 곧잘 따랐다. 낮은 비용은 안전 점검 부실한 지입
버스가 떠안았다. 늙은 어머니들이 봄 가까운 겨울이면 그곳을
찾아 섧게 울었다. 차디찬 돌덩이를 마냥 오래 품었다. 살아남은
이들이 어린아이를 품고 찾아 향을 피웠고, 재학생들은 안전한
행사 준비를 다짐했다. 마우나 리조트 붕괴 참사 소식을, 또 끊
이지 않던 어딘가의 사고 소식을 나누면서 함께 울었고, 분노했
다. 유리상자 속 오래된 사진과 날적이에 곰팡이 잔뜩 슬어 태

위 없애면서는 잊지 말자고 다짐했다.

그 아랫자리, 어느 날 비석 하나가 늘었다. 세월호 참사 희생자인 단원고 최혜정 교사를 추모하는 글이 선명했다. 오래전 자식 앞세운 늙은 어머니들이 그 앞을 지나치지 못하고 한참을 섰다. 눈가 굵은 주름에 물이 고여 반짝거렸다. 슴 닦고 오르면 거기 또 추모비 앞이었다. 반가운 얼굴을 보며 잠시 웃었지만, 눈물 금방 흥건했다. 죽음도, 눈물도 끊이지 않았다. 노란 옷 입은 부모들이 여전히 길에 섰다. 진상 규명이 먼 길이다. 밝혀진 바 없으니 의문사다. 저기 언덕 왼편에 또 다른 작은 비석 하나, 군부독재 정권 시절 학생운동을 하다 군에 강제로 끌려간 뒤 죽은 어떤 이의 이름 석 자를 기리고 있다. 여태 진상을 몰라 그저 의문사로 불렸다. 그 자리 놀이터 삼은 아이 셋이 비에 젖은 나무 난간 위를 위태로이 누볐다. "어차피 죽는 거 빨리 죽자"면서 뛰어내렸다. 위험을 경쟁했다. 머뭇거리는 친구를 독촉했다. 퉁퉁 불어터진 컵라면 버려두고 산길을 내달렸다. 땟국물 줄줄 흐르는 털북숭이 강아지가 목줄에 질질 이끌려 영문도 모른 채 뒤따랐다.

오르막길 따라, 사선 따라 비석이 세 개 있다. 동네 아이들 세 명이 그 길을 따라 뛰고 있다. 함께 나온 개도 뛴다. 나는 사고에서 살아남았으니 매년 이른 봄이면 저 언덕에 올라 마이크 잡고 추모제 사회를 본다. 20년째다. 이제는 할 말과 순서를 준비할 것도 없이 거기 선다. 익숙한 얼굴 앞에서 익숙한 순서를 진행한다. 울지 않겠다는 다짐을 미리 준비할 뿐이다. 매번 무너졌다. 20년이 지난 일인데, 그 자리 찾은 엄마는 여태 아이처럼 운다. 아이 이름 석 자 새겨진 돌을 붙들고 자꾸 말을 건다. 버틸 재간이 없어 나는 마이크를 멀리하고 잠시 숨을 고른다. 죽은 친구들 이름을 하나하나 불러본다. 기억이 흐릿하다. 종이에 적어 읽는다. 잊지 않겠다는 다짐을 했으니 노력을 보탠다. 새내기 새로배움터 준비 중인 학생들에게 안전을 당부한다. 오르막 오르기엔 너무 늙어버린 엄마들은 이제 추모제 그만하라면서도, 매번 고맙다며 손을 잡는다.

어떤 죽음은 통계 속 숫자에 머문다. 그러나 모든 죽음은 구체적인 슬픔과 이야기를 오래도록 품는다. 세월호 참사는 내게 먼 일이 아니었다. 건설 현장에서, 또 어디 공장에서 전해지는 부고를 아프게 듣는다. 기자회견 자리에 선 유가족의 눈물을 찍으면서 나는 종종 울었다. 그럴 때면 사고 때 다쳐 불편한 손가락이 셔터 릴리즈 버튼이 아닌 곳을 힘껏 누르곤 했다. 눈으로 보고 고쳐 잡는다. 근처에 갈 일이 있어 잠깐 들렀는데 아랫자리 추모비가 하나 더 늘었다. 세월호에서 희생된 어느 교사의 이름과 사진이 거기 붙었다. 나의 아픈 경험과 기억은 기어이 참사와 인연을 맺었다. 줄줄이 늘어선 비석을 멍하니 바라보다 사진 한 장을 남겼다. 뛰놀던 아이들이 나누던 말을 한참 곱씹었다. **비석 세 개. 35**

가을인가 싶었는데 겨울 앞이다. 바람에 낙엽 진다. 썩어 흙에 거름으로 들어야 할 것인데, 아스팔트와 보도블록 촘촘한 탓에 쓰레기 신세다. 시설 관리 노동자가 빗자루 들고 바쁘다. 화단 가꾸랴, 눈 치우랴, 그도 아니라면 껌을 떼고 여기저기 낡은 것을 고치고 메꾸느라 실은 사철 바빴다. 밥벌이 방편이었으니 그 길가에 망치질하는 사람 조형물처럼 쉼 없이 움직였다. 바람 한 번에 우수수, 거리에 일거리가 쌓여간다. 2018년 11월 곧 연말이니 계약 연장 걱정거리도 거기 얹힌다. 비좁은 휴게실에서 다 식은 찐 고구마 먹다 목이 턱턱 막힌다. 어느 회장님의 폭행과 갑질 뉴스엔 말문이 막힌다. 줄줄이 고구마처럼 끌려 나오는 온갖 갑질과 꼼수와 비리가 낙엽처럼 쌓인다. 쓸어 담는 빗자루질에 쉼 없다. 빛나는 가을 풍경이 덧없다.

빌딩 청소 노동자가 한 손엔 빗자루를, 또 한쪽엔 쓰레받기를 들고 있다. 시선은 바닥을 향했다. 거기 쌓인 낙엽 더미를 밟고 서 있다. 허리 굽혔다 펴기를 반복했다. 망치 든 노동자 조

형물이 움직였다. 가을 단풍은 알록달록 언제나 예쁘다. 물드나 싶은데 곧 떨어진다. 치우는 건 누군가의 일이다. 가을 단풍 돌고 돌듯, 청소 용역 노동자의 일도 쉼 없이 돌고 돈다. 그 옆 망치질하느라 쉼 없던 '해머링 맨'과 닮았다. 비슷한 모양새가 되길 기다렸다. 뒤쪽 벽 밝은 배경에 온전한 모습이 대비되길 바랐다. 단풍 든 나무가 유리창에 비치도록 자리 잡았다. 광각렌즈로는 파란 하늘을 더 강조할 수 있었지만 사람이 작았다. 망원렌즈로 담았다. 미국 작가 조나단 브로프스키 작 '해머링 맨'은 높이가 22미터, 무게는 50톤에 이른다. 전 세계 11개 도시에 설치됐고, 서울엔 지난 2002년에 세워졌다. 평일 오전 7시부터 하루 14시간, 35초에 한 번씩 망치질을 한다. 주말과 공휴일, 노동절엔 작동을 멈춘다. 노동의 숭고함을 표현했다고 한다. 당시 대기업 총수 일가의 온갖 갑질 소식이 끝없이 들려왔다. 일하는 사람들은 분노했다. 모든 노동은 숭고한 것이라는 교과서 문구를 믿는 사람이 얼마나 될까 싶어 씁쓸했다. **쉼 없다. 26**

눈이 쏟아졌고 제법 쌓였다. 2016년 2월 말, 언젠가의 벚꽃 노래 다시금 음원 순위표를 슬슬 기어오르던 봄 가까운 날이었다. '렛잇고 렛잇고' 후렴구만을 겨우 외우고도 신나서 무한 반복 노래하는 딸아이 손을 잡고 눈밭을 굴렀다. 눈덩이 굴려 눈사람을 만들었는데, 뽀드득 소리가 나던 눈은 잘 붙어 금세 커졌다. 나뭇가지 주워 눈, 코, 입을 삐뚤하게 붙이니 그럴듯했다. 아이는 내내 뛰었다. 눈밭이 얼마나 미끄럽고 위험한지를 설명하느라 뒤따르며 진땀을 뺐다. 알게 뭐람, 눈밭에서 아이는 그저 신났다.

어느새 늙은 경비 아저씨가 그 길에 빗자루 들고 바빴다. 시골집에 전화 걸어 비닐하우스 안부를 물었다. 늙은 엄마 걱정이 먼저 아니냐고 타박을 들었다. 마당에서 키우는 어린 풍산개 복슬이가 눈밭을 뛰고 구르느라 신났다고 엄마는 전했다. 장독에 오르고 창고를 헤집는 통에 한 대 쥐어박히고 제집에 들었다고도 했다. 일 가신 아버지와는 통화가 안 됐다. 눈 치우느라 바빴다고 나중에야 들었다. 이제 좀 그만 쉬시라고 언젠가 말했는데, 그럼, 네가 먹여 살릴 테냐고 어머니가 발끈하는 통에 본전도 건지지 못했다. 아버지는 그 옛날 군 시절 허리까지 차는 눈 치우던 얘기를 종종 했는데, 칠순도 훌쩍 넘긴 지금 눈 치우는 일로 아버지는 바빴다. 택배를 받는 일이며 청소와 온갖 사소한 민원 처리 따위 아버지의 일터 얘기를 나는 묻지 않았다. 방에 걸린 금색 휘장 화려한 감색 모자와 명찰 달린 점퍼를 보고 짐작할 따름이다. 아버지는 종종 낡은 지갑 열어 고기를 샀다. 다 늙어 언제까지 할 수 있을지 모르겠다고 푸념했다. 빨간 딱지 선명한 소주 두 병을 비우고 나서였다. 나도 따라 한숨 깊었다. 시골집 밤이 금세 깊었다. 해고 문자메시지 받은 늙은 경비 노동자가 삭발했다. 흰 머리칼이 툭툭 바닥에 눈처럼 쌓였다. 무인 경비 시스템이 대신한단다. 가내 화평을 바란다고도 문자메시지는 전했다. 집 가까운 곳이었다. 봄 가까운 날이었다.

경비 노동자는 장갑 낀 두 손으로 빗자루를 잡고 있다. 눈은 쌓인 눈을 향했다. 발은 언 바닥을 딛고 있다. 미끄러웠을 것이다. 해고 통보 문자는 가내 화평을 바란다고 했다. 으레 붙였을 인사말이 쓰다. 고령화 시대, 많은 은퇴자가 감시 단속 노동에 나선다. 택배를 받고, 청소를 하고, 눈을 쓸고, 평행 주차된 차를 밀고, 욕설과 갑질을 견딘다. 최저임금 올랐다는 이유로, 무인 경비 시스템 도입한다는 명분으로 잘린다. 노동조합 조끼를 입고, 삭발하고, 항의 농성을 한다. 혹은 말없이 받아들인다. 놀 수는 없어 다른 곳 경비 일을 알아본다. 곳곳에서 입주민들

이 나서 경비 노동자 일자리를 지켰다는 미담도 전해지던 터라 해고 문자 끝에 붙은 덕담이 공분을 불렀다.

눈과 비는 거추장스럽기 마련이지만 사진 찍기엔 기회가 되기도 한다. 함박눈 펑펑 내리는 시간은 대개 짧다. 아이 어른 할 것 없이 신나하던 그 표정을 어찌 그냥 지나치나. 버릇처럼 눈 속에서 일하는 사람도 눈여겨 살핀다. 거추장스럽게 늘 카메라 둘러메고 다니는 이유다. 더 늙은 엄마 아빠를 좀 찍어둬야겠다 생각만 한다. 막상 카메라 들이대면 또 싫어하신다. 찌글찌글 깊은 주름 볼품없다 생각했을 테다. 사진은 사라져가는 것들을 기록하는 유력한 매체다. 첨단 무인 경비 시스템이 일상화될 가까운 훗날엔 눈 쓰는 경비 노동자의 모습도 사진에서나 볼 수 있을까. 아직은 잘 모르겠다. **가내 화평. 68**

이슬비 내리는 늦은 오후에 사람 여럿 나란히 행진했다. 빨간 깃발, 파란 우비, 찢어진 우산. 높다란 차벽 앞에서 사람들은 이마를 마주 대고 비를 맞았다. 그것은 자주 굵은 몽둥이와 같았으니 매를 맞았다. 기침 소리가 끊이지 않고 눈물이 줄줄 흘렀다. 온갖 종류의 함성과 구호가 비명에 가까웠다. 채 비명도 지르지 못하고 쓰러진 늙은 농사꾼은 축 늘어져 사경을 헤맸다. 그 바닥엔 희고 진득한 최루액이 강물처럼 흘렀다. 이름뿐인 광장으로 가는 길엔 성난 사람들이 차고 넘쳐흘렀지만, 보가 높아 끝내 그 앞에 고였다. 지독한 유해 물질을 오래 견디는 것으로 민중총궐기의 높은 의지를 보여야 했다. 세찬 비에 노란 나뭇잎이 후두두 떨어진다. 다 썩어 밑거름이 된다지만, 아스팔트가 오래도록 척박하다. 국격이 참으로 천박하다.

무슨 집회며 총궐기에 나서 사진을 찍는 일이란 종종 물대포와 최루액을 견디는 일이었다. 차벽 높고 물대포 거셌던 2015년 11월 14일, 나는 카메라 들고 세종로 사거리를 뛰었다.

망원렌즈로 멀찍이서 찍다가 차벽 앞 '전선'으로 뛰어들었다. 물대포는 카메라 든 기자를 가만두지 않았다. 카메라부터 껴안고 지켰다. 카메라보다는 그 안에 든 사진이 날아갈까 걱정했다. 내리꽂히던 물줄기를 등으로 견뎠다. 나중에 보니 멍이 시퍼렇게 들었다. 이러다 누구 하나 쓰러지겠구나 생각했다. 그렇게 됐다. 사람들은 경찰 물대포에 맞아 낙엽처럼 길에 뒹굴곤 했다. 이날 종로 쪽 현장에서 백남기 농민이 물대포에 맞아 쓰러졌다. 그 순간을 찍고 있어야 했는지, 구호 조치에 나섰어야 했는지를 두고 사진가들은 오랫동안 고민했다. 쉽사리 답을 내지 못했다. 저기 노란 우산 아래 연인이 꼭 안아 서로를 지탱했다. 물러나지를 않았다. 렌즈에 맺힌 최루액 방울을 젖은 옷으로 급히 닦고 몇 장을 겨우 찍을 수 있었다. 사진은 기다림과 순간 포착이라지만 그 모든 일이 마음 같지가 않다. 제 한 몸 가누려 허둥지둥 다닐 때가 많다. **노란 잎 다 떨구면. 200**

어둠이 꼬박 깊어 사람들은 서둘러 집에 간다. 농부가 땅 일궈 길러낸 쌀과 채소와 밀가루 따위로 허기진 배를 채우고 잠자리에 든다. 오늘을 겨우 살았으니 내일 준비가 빠듯하다. 어둠이 어디든 어김없이 깊은데 어떤 사람들은 서둘러 장례식장에 간다. 물대포에 맞아 쓰러진 농민은 영치실에 가만히 누웠고, 산 사람들이 그 앞을 지킨다. 누군가 말아 내준 국밥 한 그릇으로 허기를 달래고 바닥에 누워 졸음과 싸운다. 비닐 한 장을 겨우 덮고 틈틈이 한뎃잠을 청한다. 장례식장에서 장례가 열리지 않았다. 온갖 눈물과 결의와 불온한 소문만 무성했다. 둘러싼 경찰 방패가 잠시 물러간 자리엔 촛불이 탄다. 부검 영장 발부 소식에 사람들이 애가 탄다.

그곳에서 상주처럼 자리를 누비던 영석 엄마가 자꾸만 눈물을 찍어낸다. 가슴팍에 꽂은 아이 학생증 옆에 검은 근조 리본을 달았다. 초록색 손수건을 목에 둘렀는데, 거기에 '책임자 처벌'이라 적혔다. 가만히 들고 선 손팻말엔 '살인 정권 규탄한다'고 적혔다. 세월호 유가족 합창단이 앞자리에서 노래했다.

'절대로 잊지 않을게' '함께 가자 우리 이 길을' 두 곡을 불렀는데 합이 잘 맞았다. 장례식장이 시끌벅적하고 노랫소리도 끊이지 않으니 호상인가. 진상 규명을 하려면 갈 길이 먼데 노란 옷 입은 엄마는 남의 장례식장에서 울상이다. 참상이다.

세월호 유가족 영석 엄마가 서울대병원 장례식장 앞에서 팻말을 들고 있다. 손목에는 노란색 추모 리본이 달려 있다. 먼 곳을 바라본다. 다른 이는 촛불을, 휴대폰을 들었다. 백남기 농민이 민중총궐기 집회에서 경찰 물대포에 맞아 쓰러져 혼수상태로 치료를 받다가 이듬해 사망했다. 병원은 병사라고, 유족은 물대포에 의한 외인사라고 말했다. 부검 영장이 발부됐다. 사람들이 장례식장에 모여들었다. 영장 집행을 막겠다며 스크럼을

짜고 한동안 한뎃잠을 잤다. '살인 정권 규탄한다'는 팻말을 들었다. 세월호 유가족이 상주처럼 거기 살았다. 부검 영장 집행이 언제일지를 알 수 없었다. 그 앞을 지키는 사람도, 그 모습 찍으려는 사람도 그저 기다리는 수밖에 없었다. 시간과 졸음과 싸워야 했다. 밥차를 끌고 온 사람 덕에 허기와는 다투지 않았다. 남의 집 상가를 지키는 사람들 표정이 그 밤 어둠처럼 무거웠다. 가끔 촛불이 표정을 밝혔다. 그 밤 나는 오래 버티지 못하고 집으로 돌아갔다. 혹시나 해 잠자리에 누워서도 마음이 불편했다. 부검 영장 강제 집행하려는 경찰과 막으려는 시민들의 대치가 한 달여 이어졌다. 장례는 미뤄졌다. 경찰이 2016년 10월 말경 부검 영장 재신청 포기 의사를 밝히면서 고인의 유해는 그해 11월 광주 북구 망월동 옛 5·18 묘역 민족민주열사묘지에 안장됐다. 2018년 경찰청 인권침해사건 진상조사위원회는 백남기 농민의 죽음은 경찰의 과잉 진압이 원인이었다고 발표했다.

어떤 장례식. 200

흰옷 입은 사람들이 땅을 기었다. 양팔과 두 다리며 이마까지 다 낮추느라 행진은 느렸다. 엎드린 채 두 손을 들어 올리곤 했다. 거기 눈길, 흙길, 또 얼음길이었지만 북소리 어김없었다. 꾸물꾸물 나아갔다. 잠시 멈춰 쉰 곳은 어김없이 오랜 싸움터였다. 그 사연 다 듣자니 행진이 또 느렸다. 2014년 성탄절 선물 품에 안은 아이 곁을 지났고, 경적 울려 대는 고급 승용차 앞을 기었다. '종북 세력 척결' 농성장을, 또 곳곳의 자선냄비를 지나쳤다. 서울 세종로 어느 광고탑 앞에 이르러 북소리 잠시 멈췄다. 거기 높다란 곳에 사람이 살았다. 맞절했다. 그도 잠시, 흰옷 입은 사람들은 몸 낮춰 다시 기었다. 청와대로 향했다. 씨앤엠 비정규직 빨간 조끼 입은 사람 둘은 갈 곳도 달리 없어 가만 섰다. 그 아래 동료가 도끼 들어 나무를 팼다. 불을 땠다. 떼지어 밥을 굶었다.

흰옷 입은 사람들(기륭전자 노동자)이 바닥에 엎드렸다. 빨간색 조끼 차림 사람(씨앤엠 비정규직)도 엎드렸다. 오체투지다.

이마를 땅에 붙였다. 사진은 평면에 새긴 그림이니, 사진 속 높고 낮은 것을 파악하는 건 우리 머릿속 일일 테다. 원근법 따위 오래전 미술 시간에 배운 것들이 그 인식 과정에 쓰이는 것도 같다. 저기 사람들은 높고 낮다. 바짝 엎드려 두 팔과 다리는 물론 이마까지 땅에 붙인 흰옷 차림 사람과 같은 자세 빨간색 조끼 차림 사람들은 인사를 나누는 중이다. 연대라고도 표현했다. 길에서 오래 싸운 비정규 노동자들은 갖은 수를 찾아내 그 의지를 내보이곤 했는데, 오체투지 행진과 고공 농성이 잦았다. 같은 처지 사람들은 오체투지 행진 길에 굳이 빙 둘러 고공 농성장을 찾아가 응원했다. 응원을 받았다.

높이 차이가 커서 한 화면에 담기가 쉽지 않았다. 옆 건물 꼭대기층 유리창을 통해 내려다보는 수를 택했다. 망원렌즈는 원근감을 압축한다. 가까운 것이나 먼 것이나 비슷한 크기로 보이게 한다. 압축된 그림을 이미지 센서 평면에 담아내니 얼핏 저 그림은 다 같이 낮은 바닥 엎드린 모습이다. 차이가 없어 보인다. 실로 그 처지에 큰 차이는 없었다. 딛고 선 자리가 달라지면 보이는 풍경도 다른 법이라던데, 높으나 낮으나 저들을 둘러싼 풍경이 매한가지였다. 연대하는 이유다. 한껏 몸 낮춰 인사를 주고받은 까닭이다. 높고 낮은 자리에서 저마다의 방식으로 싸움을 이어갔다. **높낮이. 168**

칭칭 동여매고 쪽잠 들었다. 일손을 놓았으나 쉴 틈이라고
는 없으니 피곤이 저기 덕지덕지 껴입은 옷과 담요처럼 쌓였다.
거기 어디라도 등만 기대면 단잠이다. 2015년 2월 입춘이 지
났으나 칼바람 그 거리에 드셌고, 옆자리 뒹구는 생수병이 꽝꽝
얼었다. 느닷없이 눈구름이 몰려와 때 묻은 침낭 위에 흰 눈이
쌓였다. 담요가 어느새 축축했다. 지난밤 바람을 막아준 종이상
자가 힘없이 눅눅했다. 높은 곳 올라가 버티는 동료 아랫자리가
아늑할 수 없었다. 한뎃잠은 익숙했다. 어느덧 노상이 일상이다.
달력을 여러 장 넘기는 동안이었으니 그건 참상에 가깝다. 오늘
노동하는 이의 초상이다.

케이블방송 비정규 노동자가 길에서 짐을 베고 비스듬히
누워 있다. 눈을 감았다. 노동조합 조끼 차림에 담요를 위아래로
동여맸다. 옆에 침낭과 종이박스가 보인다. 서울 중앙우체국 앞
전광판 고공 농성장 아랫자리다. 의지를 높이려고 사람들은 높
이 오르곤 했다. 거기서 오래 버티는 것으로 말을 했다. 송신탑

역할을 했다. 등대라고도 누군가는 말했다. 까치집으로도 불렸
다. 여기저기 많았다. 티브로드와 씨앤엠, 에스케이브로드밴드,
엘지유플러스까지 간접고용 비정규 노동자의 싸움이 그즈음에
잦았다. 노동조합을 만들고 뭉친 건 쉬운 해고와 온갖 부당한
일을 막기 위한 것이었는데, 자주 노동조합 자체가 표적이 되기
도 했다. 노동조합 활동을 이유로 해고된 협력 업체 노동자들은
땅에서 이런저런 싸움을 오래도록 이어갔다. 교섭은 지지부진
했고, 파업은 길어졌다. 끝내 높은 데 올랐다.

　　아랫자리는 동료들이 노숙해가며 지켰다. 추운 날이었다.
한뎃잠이 한때 유행처럼 번졌다. 노동조합 사무실 한쪽엔 침낭
과 텐트와 발포 매트 따위 캠핑 용품이 쌓여갔다. 장작 피워 추
위를 견뎠으니 모양새만큼은 캠핑장에 가까웠다. 정작 낭만 따

위는 노숙 처지를 비트는 자조 섞인 농담 속에서나 피었다. 한밤 한뎃잠이 편안할 리 없었으니 피곤이 가시지 않는다. 사람들은 칭칭 아무렇게나 동여매고 아무데나 기대어 쪽잠에 든다. '정규직화' 부푼 꿈을 꾼다. 에어 매트리스가 밤새 부풀었다. 집단 단식이 뒤따랐다. 진짜 사장이 문제 해결에 나설 것을 요구했다.

전광판에 올라 농성하던 엘지유플러스 협력 업체 수리기사 강세웅 씨와 에스케이브로드밴드 협력 업체 인터넷 설치·수리기사 장연의 씨는 80일 만에 땅을 밟았다. 다단계 재하도급 근절과 표준 임단협 합의 등의 성과를 냈다. **한뎃잠. 135**

해거름 녘 하루살이 지친 몸인데 저 아줌마 무릎도 좋다. 산악회 리본 달고 지난 가을 산길 따라 단풍 구경은 좀 하셨는 지. 마실 나선 산길은 쉬이 올라도 집에 가는 저 계단은 버거운 법인데…. 그래도 어쩌랴, 넘어야 할 길이라면, 올라야 할 계단 이라면 하나 두울 서이 너이. 벌써 절반은 넘었으니 고지가 눈 앞. 다시 하나 두울. 아직 많이 남았다 해도 저기 먼저 오른 사람 따라 세엣 넷. 오르고 또 오르면 못 오를 리 없겠네. 넘어야 할 길이라서. 아줌마 다시 하나 두울.

한 여성이 서울 구로 '수출의다리' 계단을 오르고 있다. 손 에는 가방을 들고 있다. 해 넘어갈 무렵이다. 볕이 좋아 구로동 일대를 정처 없이 떠돌았다. 2008년 10월 아파트형 공장이며 산업단지 등 기획 기사 사진을 만들려고 나선 길인데, 오며 가 며 관심이 잡다한 것에 머문다. 종종 하는 딴짓은 마음 건강에 이롭다. 사진에도 좋을 것이라고 생각하지만 데스크 생각은 다 를 것도 같다. 언젠가 사진 찍는 사람들은 하루 두 번씩 가슴 설

렌다는 말을 들었다. 아침 해 뜰 때, 그리고 해 넘어갈 무렵에 말이다. 빛이 중요하다는 얘기겠다. 어쩌다 구름 없이 청명한 하늘이면 아침부터 설렌다. 그럴 때면 목 아픈 줄도 모르고 카메라를 종일 걸고 지낸다. 특히나 해거름 녘 누렇고 풍성한 빛이 으뜸이다.

카메라 둘러메고 나는 무릎 아픈 줄도 모르고 저기 높은 계단을 여러 번 넘었다. 다리 건너는 차만 많았지 걸어서 지나는 사람이 많지 않아 한동안 기다려야 했다. 젊은이는 적었고 나이 든 사람이 그중에 많았다. 여러 장을 찍었는데, 처음 사진은 너무 갈 길 많아 보여 답답했고 중간은 심심했다. 저 계단 3분의 2 무렵 것을 골랐다. 한쪽 다리가 계단 다음 칸 향해 들린 것이어야 했다. "조금만 더 가면 됩니다"라고 하산길 사람들이 오르다 지친 사람들을 격려한다. 그게 다 거짓말이라는 걸 안다. 그럼에도 다 와간다는 희망을 품게 된다. 뭉친 근육에 좀 더 힘을 넣어본다. 산이야 좋아서 오른다지만, 저기 매일 같은 퇴근길이라면 어떨까. 지친 하루, 그래도 집으로 가는 길이라면 좋을까. 해 넘어가고 집으로 돌아가는 길에 저 계단을 다시 오르려니 다리가 풀린다. 그래도 뭔가 뿌듯한 마음 들어 견딜 만했다. 확실히 딴짓이 마음 건강에 이롭다. **하나 두울. 153**

더위 속 광장에 분수가 솟고 아이들이 놀았다. 멀찍이 선 엄마들이 휴대폰 들어 사진을 찍고, 종종 소리쳤다. 넘어질까, 부딪힐까 물가에 아이 내어둔 엄마 목소리는 다급했다. 마냥 신 난 아이가 젖은 몸으로 한 번씩 엄마 품을 찾아들었다. 그 앞 천막에서 곡기 끊어 말라가던 아빠가 그 모습을 지켜봤다. 여행에 마냥 들떴던 아이는 젖은 몸으로 아빠 품을 찾았다. 그해 7월 물속에 아이 묻은 아빠 목소리는 다 쉬어 거칠었다. 그 앞 전광판에 틀어둔 미공개 영상 속 아이 목소리가 다급했다. 물이 차오른다고, 무섭다고, 죽기 싫다고 아이는 제 휴대폰에 기록했다. 유언으로 남았다. 잊지 않겠다는 약속이 흐릿하다. 유구무언이다.

세월호 유가족 유민 아빠 김영오 씨가 옆자리 유가족과 얘기하고 있다. 세워 기댄 무릎을 양손으로 감쌌다. 또 다른 유가족은 분수대를 바라보고 있다. 아이들이 뛰어놀고 있다. 5년 전 일이라고 페이스북이 꺼낸 추억엔 바짝 마른 유민 아빠가 청와대 사랑채 앞에서 흔들리고 있었다. 매일같이 광화문 단식 농성장에서 청와대를 향해 걸었는데, 뚫린 길이 매번 막혔다. 민원실 향하는 걸 그 앞 경찰은 기를 쓰고 막았다. 안내 깃발 앞세운 중국인 관광객이 그 옆을 유유히 지나며 사진을 찍었다. 단식 길어 곧 쓰러질 듯 위태롭게 휘청거리던 그는 당시 정권에 위험 인물이었다. 이른바 상징으로 여겨진 탓이겠다. 카메라는 자주 상징을 좇는다. 농성장 뒤쪽 분수대에 솟던 물이 그랬다. 더위에 아이들은 광장의 분수를 지나치지 못했고 뛰어놀았다. 여벌 옷을 미처 준비하지 못한 엄마는, 또 아빠는 잠시 머리가 복잡했겠지만 그냥 두기로 한다. 저렇게 신났는데 어쩔까. 혹시 미끄러져 넘어질까, 수질은 괜찮을까 걱정하면서 지켜볼 수밖에. 아이들은 점차 활동 반경을 넓혀간다. 부모 품 안에만 돌던 아이들은 어느새 저만치 멀리도 간다. 수학여행이 그런 경험이었을 테다. 아이들은 짐 꾸려 멀리 떠날 만큼 컸다. 용돈을 쥐어줬다. 1만 원짜리 몇 장은 쓸모를 찾지 못하고 그대로 돌아왔다. 물에 젖은 채였다. 물에서 아이들이 팔 벌려 뛰어온다. 환영처럼 느껴졌다. 지독히 아픈 상상에 그쳤다.

더운 날이었다. 물에서 아이들은 젖었고, 그 앞 천막에서 엄마 아빠는 말라갔다. 진상은 저 먼 곳의 환영처럼 흐릿했고, 도드라진 광대뼈가 나날이 선명했다. 8월엔 프란치스코 교황이 거길 찾아와 성스러운 위로를 건넸다. 9월엔 일간베스트 등 극우 사이트 회원 100여 명이 그 앞을 찾아와 상스러운 시위를 벌였다. 제 아이 죽은 이유를 알려달라며 단식 농성하던 유가족 앞에서 피자와 치킨, 핫도그를 나눠 먹었다. 이른바 폭식 투쟁

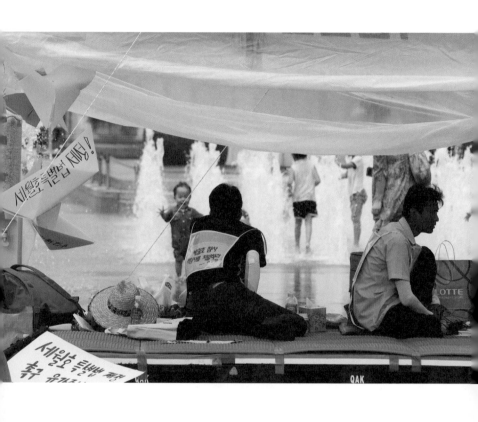

이다. 극우 세력의 정신세계를 널리 알린 상징적인 장면이었다.

물가에 내놓은 아이. 200

소심한 사진의 쓸모

초판 1쇄 찍음 2019년 11월 13일
초판 1쇄 펴냄 2019년 11월 20일

지은이 정기훈
펴낸이 임후성   펴낸곳 북콤마
디자인 hong*   편집 김삼수
등록 제406-2012-000090호
주소 (413-756) 경기도 파주시 문발동 파주출판단지 534-2 201호
전화 031-955-1650   팩스 0505-300-2750
이메일 bookcomma@naver.com   페이스북 facebook.com/bookcomma
블로그 bookcomma.tistory.com   트위터 @bookcomma
ISBN 979-11-87572-19-0 03300

이 도서의 국립중앙도서관 출판예정도서목록(CIP)은 서지정보유통지원시스템 홈페이지
(http://seoji.nl.go.kr)와 국가자료공동목록시스템(http://www.nl.go.kr/kolisnet)에서
이용하실 수 있습니다.(CIP제어번호 : CIP2019045273)

, BOOKCOMMA